Kochen für
Babys

Stadtverwaltung Altenberg
Stadt- und Schulbibliothek
Platz des Bergmanns 2
01773 ALTENBERG
Tel. 03 50 56 / 333 - 37 , - 39

AUTORIN: DAGMAR V. CRAMM | FOTOS: JÖRN RYNIO

Praxistipps

4   Was ist bei Babys anders?
5   Wenn Babys schreien, hat das meist einen Grund
6   Sie haben alles, was Ihr Baby braucht
7   Säuglingsmilchnahrung
8   So klappt das Stillen
10 Die Alternative: Füttern mit der Flasche
11 Das Fläschchen vorbereiten
12 So gedeiht mein Baby gut
14 Babys Speiseplan im 1. Jahr
15 Die 4 Babymahlzeiten
16 Die Grundlagen
18 Gute Gründe fürs Selberkochen
20 Welche Lebensmittel fürs Baby?
21 Wie keimfrei soll es sein?
56 Was mache ich, wenn …?
58 Wenn das Baby krank ist …

Umschlagklappe hinten:
   Wie viel darf mein Kind wiegen?
   Gewichtskurven

Extra

Umschlagklappe vorne:
   Beikostplan

60 Register
62 Impressum

Rezepte

22 5. bis 9. Monat

23 Grundrezept Mittagsbrei:
Gemüse-Kartoffel-Fleisch-Brei
24 Vorratsbrei
25 Löffeln will gelernt sein
26 Kohlrabibrei mit Huhn
26 Zucchinibrei mit Lamm
27 Kürbisbrei mit Rind
27 Kartoffelbrei mit Pute
28 Fenchel-Hirse-Brei
28 Brokkoli-Hafer-Brei
31 Grundrezept Abendbrei:
Vollmilch-Getreide-Brei

32 Möhrenpolenta
32 Beeren-Brei
33 Birnen-Reis-Brei
33 Grießbrei mit Banane
34 Grundrezept Nachmittagsbrei:
Getreide-Obst-Brei
36 Bananen-Couscous-Brei
36 Grießbrei mit Obst
37 Pflaumen-Getreide-Brei
37 Bratapfel-Brei

38 10. bis 12. Monat

39 Apfel-Hafer-Brötchen
40 Der Ess-Alltag
42 Apfel-Mandel-Mus
42 Anfänger-Müsli
43 Schoko-Banana-Mix
43 Tofu-Tomaten-Aufstrich
44 Rotes Hack-Risotto
44 Erbsen-Nudel-Topf mit Schinken
47 Kartoffeln mit Kohlrabi und Huhn
47 Kartoffelberg auf Spinatwiese
48 Flocken-Pfannkuchen »Italia«
48 Kartoffeln mit Zucchini und Lamm

50 Pink Panther
50 Häschenwaffeln
51 Pfirsichmix
51 Erdbeer-Vanille-Muffins
52 Grießbrei Birne Helene
52 Frischer Orangencouscous
53 Milchreis mit Erdbeersauce
53 Apfelgraupen mit Rosinen
54 Sahne-Polenta mit Mais
54 Grünkernsuppe
54 Bruschetta-Suppe

BABYS SIND NOCH NICHT »FERTIG«

Was ist bei Babys anders?

Neugeborene sind fit fürs Leben, aber noch nicht »ausgewachsen«. Ihr Verdauungssystem braucht fast ein Jahr, um alles verkraften zu können.

Die Organe entwickeln sich noch

Der Babymagen bildet zu wenig Magensäure, um große Mengen Bakterien und Keime zerstören zu können. Beim Stillen kein Problem, Muttermilch ist keimarm – aber Flasche und Sauger sollten anfangs keimfrei sein.

Es werden noch nicht alle Verdauungsenzyme gebildet. Deshalb kann ein Säugling noch nicht sämtliche Lebensmittel verkraften.

Die Zellen der Darmschleimhaut sind noch durchlässig für größere Moleküle. Das kann bei Eiweißteilchen zu einer Allergisierung führen.

Die Babynieren steuern den Eiweiß- und Flüssigkeitshaushalt noch nicht so effektiv. Deshalb braucht ein Baby vor allem flüssige Nahrung und nicht zu viel Eiweiß.

Die Leber ist beim Baby noch nicht belastbar. Es kann weder Alkohol noch Koffein, Nikotin oder andere Giftstoffe zügig abbauen. Es sollte auch nicht über die Muttermilch damit in Berührung kommen. Und es kann noch nicht kauen, bis die Zähnchen kommen.

Machen Sie sich weder Sorgen noch Vorwürfe, wenn Ihr Baby in den ersten Monaten schreit, Blähungen und Bauchweh hat. Versuchen Sie ihm zu helfen, so gut es geht – Tipps finden Sie auch in diesem Buch. Aber es gibt kein Patentrezept, das die Wehwehchen des Wachsens abstellen kann – sie kommen zeitweise vor, bei dem einen Baby

häufiger, beim anderen selten. Auf jeden Fall sind sie am Ende des ersten Jahres normalerweise überstanden.

Lassen Sie sich nicht beunruhigen

Die Forschung liefert ständig neue Erkenntnisse über Säuglingsernährung und -entwicklung. Ratschläge von Großmutter, Tante, Freundin und Zeitschriften machen die Verwirrung komplett. Vor lauter Panik gerät dabei oft das große Ganze aus dem Blick. Viele Forschungsergebnisse sind widersprüchlich oder erst Hypothesen – persönliche Ratschläge sind individuell unterschiedlich. Ihr gesunder Menschenverstand, Ihre Beobachtungen und mütterlicher Instinkt sollten den Ausschlag geben. Denn Ihr Baby ist das Ergebnis einer jahrtausendelangen Anpassung. Es ist für das Leben hier vorbereitet: klein, zart, aber fit und vital. So hat die neueste Forschung ergeben, dass klinische Sauberkeit eher zu Allergie führt als ein Leben auf dem Bauernhof und mit Haustieren. Lassen Sie also Desinfektionsmittel im Schrank – ganz normale Sauberkeit reicht. Auch das Mitessen von Häppchen nach dem 4. Monat scheint dem Immunsystem gut zu tun. Am besten parallel zum Stillen und nur gut verträgliche Speisen (s. Seite 20), die beim ganz normalen Familienessen auf den Tisch kommen – in Mini-Mengen ... ein Löffelchen höchstens. So kann sich das Verdauungssystem des Babys langsam an das Spektrum verschiedener Lebensmittel gewöhnen, und sein Geschmackssinn kann sich entwickeln.

HILFE, SCHREISTUNDE!

Wenn Babys schreien, hat das meist einen Grund

In den ersten 2 Wochen sind 2¾ Stunden Geschrei völlig in Ordnung, von der 6. bis zur 12. Woche können es pro Tag 2½ Stunden sein, danach sinkt die Schreidauer auf etwa 1 Stunde pro Tag. Am meisten schreien Babys zwischen 18 und 23 Uhr. Richtige »Schreibabys« – immerhin 15 % – brüllen an 3 Tagen der Woche über 3 Stunden. Auch das legt sich nach den ersten 4 Monaten.

Die meisten Mütter denken beim Schreien sofort an **Hunger.** Sie merken schnell beim Anlegen, ob Ihr Kind tatsächlich hungrig ist. Außerdem wissen Sie ja, wann es die letzte Mahlzeit gab – mindestens zwei Stunden hält das schon vor. Also nicht beim ersten Pieps reflexartig füttern: Wenn Baby schreit, kann das auch andere Ursachen haben:

Bei **Blähungen** zieht es die Beine an, hat einen harten Bauch. Diese Koliken sind bei gestillten Babys seltener und verlieren sich im Laufe des ersten halben Jahres. Oder Sie riechen: **Die Windel ist voll.** Obwohl das Ihr Kind meist weniger stört als Sie. Es sei denn, es ist wund. Dieser Fall ist jedenfalls klar und einfach zu lösen.

Vielleicht **friert** Ihr Baby aber auch? Fühlen Sie seine Hände und Füße. Oder es ist ihm **zu heiß?** Dann hilft ein Nachfühlen im Nacken – er ist zuerst schwitzig.

Sehr oft ist für uns auch **kein Grund** feststellbar. Säuglingsforscher erklären das Geschrei als Befreiung von Spannungen, als diffuse Auseinandersetzung mit der neuen Welt, gerade nach unruhigen Tagen mit vielen Gästen oder Aufenthalten in fremder, hektischer Umgebung. Die Reaktion darauf kommt oft erst am nächsten Tag. Körperkontakt tröstet in jedem Fall. Haben Sie keine Sorge, Ihr Kind zu verwöhnen: Es braucht Ihre Nähe und Hilfe.

Manchmal ist das Schreien aber auch eine **Vorstufe des Schlafes,** eine Unzufriedenheit, die durch Müdigkeit entsteht. In diesem Fall ist es besser zu singen, das Bettchen zu schaukeln oder still dabeizusitzen, aber das Kind nicht herauszuheben. Sonst kommt es gar nicht mehr zur Ruhe.

Sie haben alles, was Ihr Baby braucht

Das Wunder Muttermilch

Wenn Ihr Kind zur Welt kommt, ist es noch ein kleiner Nesthocker, der ursprünglich nur eine ganz spezielle Nahrung verträgt: die Muttermilch. Sie ist einfach ideal: Sie schützt vor vielen Infektionen. Mitverantwortlich ist dafür Immunglobulin A, das zusammen mit »Fresszellen« auf der Darmoberfläche einen Schutzfilm bildet. Auch antibakteriell wirksame Substanzen (Laktoferrin und Lysozym) sind in der Muttermilch enthalten. Über die Hälfte des Fettes sind wertvolle, mehrfach ungesättigte Fettsäuren: Linolsäure stärkt das Immunsystem und ist mit der Arachidonsäure für die Entwicklung des Gehirns wichtig. Zudem unterstützt das Fett spaltende Enzym Lipase in Muttermilch die Fettverdauung.

Der Anteil an Laktose (Milchzucker) ist in Muttermilch besonders hoch. Sie sorgt im Dickdarm für eine günstige Darmflora, schützt vor krank machenden Keimen und sorgt für den typischen weichen Stuhlgang des gestillten Babys. Unterstützt wird diese wohltuende Wirkung von »Bifidus-Faktoren«, das sind Mehrfachzucker, die sich schützend auf die Darmschleimhaut legen.

Insgesamt enthält Muttermilch zwar weniger Mineralstoffe als Kuhmilch, diese aber werden besser vom Körper aufgenommen. Der Eiweißanteil ist maßgeschneidert, aber niedrig, um das Verdauungssystem nicht zu überlasten.

Gestillte Babys werden später seltener übergewichtig, entwickeln sich intellektuell besser, bekommen seltener Diabetes, Zöliakie und Morbus Crohn.

Zudem scheinen sie später vielseitiger zu essen, weil die Muttermilch vielfältigere Geschmackseindrücke vermittelt als die standardisierte Flaschennahrung.

Entwarnung in puncto Rückstände

Die in den 1980er-Jahren bedenkliche Belastung von Muttermilch mit Rückständen aus dem Pflanzenschutz ist über 50 % zurückgegangen. Es werden allerdings neue Substanzen gefunden, denn im Fett speichern wir Stoffe aus Parfum oder Textilien, die über die Haut im Laufe der Jahre aufgenommen werden und dann in die Muttermilch geraten. Doch die Konzentrationen sind gering. Deshalb wird Stillen bis Ende des ersten Lebensjahres uneingeschränkt empfohlen.

Zur Sicherheit können Sie Ihre Milch aber bei den regionalen Untersuchungsämtern überprüfen lassen. Mehr übers Stillen und Ihre Ernährung finden Sie in meinem GU Buch »Essen in der Stillzeit«.

SÄUGLINGSMILCHNAHRUNG

Das Angebot ist riesengroß

Säuglingsnahrung für die Flasche wird der Muttermilch möglichst ähnlich gemacht und als Instant-Nahrung angeboten. Kommt in der Bezeichnung das Wort »… milch« vor, dann ist die Basis Kuhmilch. Wenn Ihr Baby allergiegefährdet ist, sollten Sie im 1. Halbjahr hypoallergene Milchnahrung geben mit pre- oder probiotischen Zusätzen und langkettigen Fettsäuren.

Hier eine kurze Darstellung der verschiedenen Sorten. Am besten bleiben Sie bei einer Sorte, wenn Ihr Baby sie gut verträgt.

Pre-Säuglingsanfangsnahrung
ist für Babys vom 1. Tag an geeignet. Bei Pre-Produkten besteht der Kohlenhydratanteil aus Laktose im selben Verhältnis wie bei Muttermilch.

Säuglingsanfangsnahrung (1er)
ist auch vom 1. Tag an geeignet, allerdings besteht ein Teil der Kohlenhydrate aus Stärke und häufig aus Zucker. Gut, wenn erst nach dem 3. Monat zugefüttert wird.

Folgenahrung (2er)
ist für Babys ab der 20. Woche geeignet – allerdings kann auch in dieser Zeit weiter Anfangsnahrung gegeben werden. Eigentlich ist sie überflüssig.

Hypoallergene Milchnahrung
ist als Vorbeugung gegen Allergie geeignet, wenn es mit dem Stillen nicht klappt. Am besten mit pre- oder probiotischem Zusatz und mehrfach ungesättigten Fettsäuren (LCP, LC-Pufa).

Stark hydrolisierte Nahrung
wird nur auf ärztliche Empfehlung bei bestehender Allergie gegeben, sie schmeckt bitter.

Spezialnahrung
ist nicht als Dauernahrung geeignet, nur auf ausdrücklichen ärztlichen Rat bei Verdauungsproblemen geben.

Kuhmilchfreie Säuglingsnahrung
ist auf ärztlichen Rat bei Kuhmilch-Unverträglichkeit eine Alternative.

DIE ERSTEN VIER MONATE

So klappt das Stillen

Noch liegt Ihr Baby in seinen Windeln, es schläft viel (nicht immer dann, wenn Sie es sich wünschen), es nuckelt und saugt – und ist noch völlig hilflos.

Stillen kann jede

In den ersten Tagen fließt bei der Mutter die Vormilch (Kolostrum) – pro Mahlzeit anfangs in Minimengen. Vormilch ist besonders leicht verdaulich und enthält jede Menge Antikörper. Wichtig: nichts anderes zufüttern, das mindert den Appetit des Babys, v. a. süßer Tee oder Säuglingsmilchnahrung. Außerdem kann die Flasche trinkfaul machen – an der Brust muss das Baby sich mehr anstrengen. Doch das trainiert seine Kiefermuskulatur und formt auch sein Gesicht. Haben Sie keine Sorge, Ihr Kind käme zu kurz.

Ein guter Anfang

Nach der Geburt ist der Saugreflex Ihres Kindes am stärksten. Deshalb sollten Sie es so bald wie möglich anlegen – das fördert auch Ihre Rückbildung. Denn das Oxytocin, das die Milch einschießen lässt, regt die Gebärmutter zur Kontraktion an. Stillfreundliche Kliniken fördern das »Rooming-in«. Denn Säuglinge brauchen gerade in den ersten Tagen Nähe und Nahrung rund um die Uhr. Nach 2–3 Wochen pendelt sich zwischen Babys Appetit und der Milchproduktion ein Gleichgewicht ein, und die »reife« Muttermilch fließt.

Das tut der Milchbildung gut

In den ersten 6–8 Wochen kennt Ihr Kind noch keinen Rhythmus, also auch keine Nachtruhe. Es verlangt zu trinken, wenn es hungrig ist – und dann trinkt es mit Appetit. Die Milchproduktion kommt dadurch richtig in Gang. Zwingen Sie ihm nicht zu früh 4 oder 5 Mahlzeiten auf – das kann die Milchproduktion verringern, sogar einen Milchstau hervorrufen. In Zeiten von Wachstumsschüben (nach dem 8.–12. Tag, 6. Woche und mit etwa 3 Monaten) wächst der Hunger. Durch vorübergehend häufigeres Anlegen wird er schnell gestillt, und die Milchmenge pendelt sich auf den höheren Bedarf ein.

Was trinken?

Mindestens 3 l Flüssigkeit pro Tag sollten Sie trinken. Am besten, Sie stellen ein Glas an Ihren Stillplatz. Stark kohlensäurehaltige Wässer sind ungünstig, sie können zu Übersäuerung führen. Besser sind stille Mineralwässer. Milchbildungstees auf Basis von Kümmel, Anis und Brennnessel tun gut. Probieren Sie Lapacho-, Rotbusch- oder Kräutertees, die das Immunsystem stärken. Säurereicher Früchte- und Hagebuttentee ist weniger günstig. Koffeinhaltiger Kaffee und Schwarztee halten auch Ihr Baby wach. Getreidekaffee dagegen wirkt durch den Malzgehalt leicht milchbildend. Tabu ist Alkohol: Er geht in die Milch über.

Trinkrhythmus

Nach den ersten 4–6 Wochen kann Ihr Kind Pausen von etwa 3 Stunden zwischen den Mahlzeiten durchhalten. Geben Sie ihm nicht bei jedem Pieps etwas zu trinken. Denn so kommt es nie zur Ruhe und bekommt leichter Blähungen, weil unverdaute Milch ständig zur halb verdauten dazukommt.

STILLTIPPS

Halten Sie durch

Fast alle Mütter stillen nach der Geburt – aber nach 8 Wochen sind es nur noch knapp die Hälfte und nach 4 Monaten lediglich ein Drittel. Dabei wäre ein 4- bis 6-monatiges volles Stillen für das Baby optimal! Doch der moderne Alltag ist nicht gerade stillfreundlich. Versuchen Sie nicht, Ihr Leben wie bisher weiterlaufen zu lassen. Ziehen Sie sich das erste halbe Jahr aus dem Alltag – soweit es geht – heraus. Langfristig schaffen Sie damit die Grundlage für das Wohlergehen Ihres Kindes. Später wird Ihr Kind einfach stabiler und gesünder sein.

Ihr Baby »isst« mit

Alles, was Sie essen und trinken, geht teilweise in die Milch über. Deshalb sind Alkohol und Nikotin tabu – Ihr Baby kann diese »Gifte« nicht abbauen.

Bei anderen Lebensmitteln sollten Sie durch Weglassen ausprobieren, ob Ihr Kind empfindlich reagiert. Aber beschränken Sie Ihren Speiseplan nicht unnötig – nicht jedes Kind reagiert gleich. Blähungen können durch Kohl, Milch (nicht aber durch gesäuerte Milchprodukte und Käse), Zwiebeln, Lauch (besonders roh), Hülsenfrüchte oder auch Steinobst entstehen. Wenn Ihr Kind wund wird, kann das an säurereichem Obst liegen, wie Ananas oder Kiwi, aber auch an scharfen Gewürzen, wie Chili, Pfeffer, Meerrettich. Selbst Schokolade kann die Ursache für einen wunden Babypo sein. Lehnt Ihr Kind die Milch ab, kann das an einem veränderten Geschmack liegen. Durch viel Sport vor dem Stillen kann Ihre Milch säuerlicher werden, außerdem beeinflussen geschmacksintensive Lebensmittel wie Zwiebeln und Gewürze den Geschmack der Milch. Am besten behalten Sie Ihre gewohnten Speisen wie in der Schwangerschaft bei, das kennt Ihr Kind.

Stillen auf Distanz

Bei regelmäßigen Trennungen lohnt es sich, Muttermilch – am besten mit einer elektrischen Milchpumpe – abzupumpen. Sie ist, wenn sie sofort gekühlt und in einer sterilisierten Flasche aufbewahrt wird, bei 4° im Kühlschrank 24 Stunden haltbar. Im Tiefkühlfach eingefroren hält sie 3 Wochen, in TK-Gerät 3 Monate. Zum Füttern langsam auftauen lassen und in der Flasche erwärmen, aber keinesfalls kochen. Allerdings nur einmal – Reste nicht aufwärmen.

TIPP
Unter www.stillen-info.de finden Sie Adressen von Organisationen, die Stillunterstützung geben, einschließlich Adresslisten und Kosten.

RUND UMS FLÄSCHCHEN

Die Alternative: Füttern mit der Flasche

Sie können Ihr Baby heute problemlos mit der Flasche aufziehen. Nehmen Sie sich dafür ebenso viel Zeit, wie Sie es beim Stillen automatisch täten – ohne schlechtes Gewissen.

Zwiemilch-Ernährung

Auch wenn Sie tagsüber nicht mehr stillen, können Sie weiterhin abends und morgens Ihrem Kind die Brust geben. Allerdings läuft das langfristig auf ein Abstillen hinaus. Aber es lässt die Stillzeit harmonisch und verträglicher ausklingen. Anstrengend ist es dagegen, wenn eine halbe Mahlzeit gestillt und dann die Flasche gegeben wird. Als Dauerlösung ist das meist zu hektisch – und für den Babymagen nicht optimal.

Die richtige Flasche, der richtige Sauger

Plastikflaschen sind unzerbrechlich, bekommen aber leicht Kratzer und verleiten dazu, sie dem Baby zur Selbstbedienung zu geben – mit ein Grund für Karies bei Babys. Glasflaschen sind dagegen schwer, können zerbrechen (was sie selten tun), lassen sich aber wunderbar reinigen.

Bei Saugern haben Sie die Wahl zwischen Silikon und Kautschuk. In den ersten Monaten können Sie unbesorgt das einfach zu reinigende, hitzestabile Silikon verwenden. Erst, wenn Ihr Baby Zähne hat, könnte es Stückchen davon abbeißen und verschlucken. Kautschuksauger sind dafür zu elastisch, leiden aber auf Dauer unter hohen Temperaturen beim Sterilisieren. In seltenen Fällen reagieren Kinder darauf allergisch.

Für jedes Alter gibt es verschiedene Saugergrößen. Achten Sie auf die Lochung: Ein zu großes Loch macht das Baby trinkfaul. Der beste Test ist die Tropfprobe (s. unten). Für Wasser bzw. Tee gibt es eine extra feine Lochung.

Welches Wasser?

Normalerweise können Sie die Babynahrung vom ersten Tag an mit Leitungswasser zubereiten. Das Wasser zu filtern ist unnötig. Lassen Sie das Wasser immer kurz laufen, damit es wirklich frisch ist und kochen Sie es in jedem Fall auf – zumindest im 1. Halbjahr. Nur Wasser von Hausbrunnen (deren Wasser darf nicht mehr als 50 mg Nitrat/l enthalten) und sehr alten Bleileitungen ist nichts fürs Baby. Im Zweifelsfall Wasser aus der Flasche mit der Aufschrift »geeignet für die Zubereitung von Säuglingsnahrung« nehmen. Dies Wasser darf nicht mehr als 10 mg Nitrat, 0,02 mg Nitrit, 1,5 mg Fluorid, 200 mg Sulfat und 20 mg Natrium pro Liter enthalten.

Die richtige Temperatur

Babynahrung sollte Körpertemperatur haben. Die Flaschentemperatur lässt sich gut an Ihrem Augenlid erfühlen. Doch Plastikflaschen leiten Hitze schlecht. Sicherer ist die **Tropfprobe** auf die Innenseite des Handgelenks – fühlt es sich angenehm warm an, hat die Milchnahrung Trinktemperatur. Schwenken Sie zuvor die Flasche, damit die Temperatur gleichmäßig ist. Auch die richtige Lochgröße lässt sich damit testen: Pro Sekunde sollten bei umgedrehter Flasche 1–2 Tropfen fallen.

SÄUGLINGSMILCH ZUBEREITEN

Das Fläschchen vorbereiten

Wassertemperatur

Die richtige Temperatur Gerade in den ersten 4 Monaten ist Ihr Baby sehr empfindlich. Das Wasser zum Kochen bringen – danach auf Handwärme abkühlen lassen.
Das Pulver abmessen Mit dem Messlöffel die Menge genau abmessen. Untersuchungen ergaben, dass durch falsch tarierte Löffel Babys regelrecht gemästet wurden. Also: Exaktheit ist wichtig!
Pulver zum Wasser geben Ist das Wasser handwarm? Dann das Pulver in die Flasche geben und die Flasche dicht verschließen.

Pulvermenge

Einfüllen

Mit Fläschchen unterwegs
Fertige Milchnahrung nicht warm halten: Die Gefahr, dass sich Keime vermehren, ist zu groß. Füllen Sie lieber kochend heißes Wasser in eine Thermosflasche, und rühren Sie das Fläschchen erst vor dem Füttern an. Oder abgekühlt mitnehmen und frisch aufwärmen.

Das Pulver mischen
Die Flasche schwenken, nicht zu stürmisch, damit sich nicht zu viel Schaum bildet. Etwa 15 Min. abkühlen lassen. Sauger draufschrauben, Temperatur testen – fertig!

11

BABY-CHECK

So gedeiht mein Baby gut

Die erste Woche Als Erstes trinkt Ihr Kind die Vormilch, die vor dem Einschießen der Milch gebildet wird. Das sind nur winzige Mengen, aber die sind besonders wichtig (s. Seite 8). In den ersten Tagen nimmt Ihr Baby ab, nach 1 Woche legt es zu.

Gewichtszunahme Im 1. Vierteljahr nimmt Ihr Baby 150–200 g pro Woche zu. Zur Kontrolle wiegen Sie sich mit und ohne Baby auf einer Personenwaage oder leihen Sie eine Babywaage.

Haut Viele Babys haben in den ersten Wochen kleine Pickel und entwickeln auf dem Kopf Schorf. Beides ist normal. Auch die leichte Karotinfärbung durch Möhrenbrei und -saft ist unschädlich. Bedenklich sind anhaltende Blässe, teigige graue Haut, Ausschläge. Dann zeigen Sie Ihr Baby dem Kinderarzt.

Die erste Milch

Zufrieden

Appetit Ein gesundes Baby will alle 2–3 Stunden essen. Signale dafür können Such- oder Saugbewegungen, Unruhe oder Seufzen sein. **Pro kg Körpergewicht** braucht es in den ersten Monaten täglich 110–120 kcal bzw. 140–180 ml Milch (bzw. Milchnahrung). Im 2. Halbjahr sinkt der Bedarf auf 80–110 kcal / 120–145 ml, und mit 1 Jahr beträgt er 70–80 kcal / 30–40 ml. Aber keine Sorge: Mal hat Ihr Kind wenig Hunger, mal kann es kaum genug bekommen – das ist völlig normal.

Windel-Check

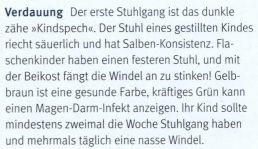

Verdauung Der erste Stuhlgang ist das dunkle zähe »Kindspech«. Der Stuhl eines gestillten Kindes riecht säuerlich und hat Salben-Konsistenz. Flaschenkinder haben einen festeren Stuhl, und mit der Beikost fängt die Windel an zu stinken! Gelbbraun ist eine gesunde Farbe, kräftiges Grün kann einen Magen-Darm-Infekt anzeigen. Ihr Kind sollte mindestens zweimal die Woche Stuhlgang haben und mehrmals täglich eine nasse Windel.

Körpertemperatur Rektal gemessen sollte sie bei einem gesunden Baby etwa 37° betragen, in der Ohrmuschel 36,5°. Dabei sind Hände und Füße oft kühl. Fieber können Sie fühlen, wenn Sie Ihre Schläfe an die des Babys legen. Ob es schwitzt oder friert, können Sie in seinem Nacken fühlen. Ein Baby kühlt schnell aus. Bei Kälte deshalb gut einpacken. Im warmen Zimmer reicht leichte Kleidung.

Temperatur messen

Greifreflex

Reaktionsfähigkeit Hebammen schlagen eine Tür außer Sichtweite zu: Zuckt das Baby, hört es gut. Das Sehen lässt sich testen, indem Sie einen Gegenstand durch das Blickfeld des Babys ziehen. Es sollte dem Gegenstand nachschauen oder den Kopf drehen. Ein gesundes Baby hat einen Greifreflex: Halten Sie ihm die Hand hin, greift es zu. Der Saugreflex ist lebensnotwendig. Aber erst, wenn er nachlässt, kann Ihr Baby vom Löffel essen.

WAS DAS BABY ISST

Babys Speiseplan im 1. Jahr

Ihr Körper ist auf die Herausforderung, das Kind zu stillen, vorbereitet: Die gebildete Milchmenge richtet sich nach dem Appetit Ihres Kindes und reicht aus, bis es knapp ein halbes Jahr alt ist. Wer nicht stillt, füttert in dieser Zeit Säuglingsmilchnahrung mit der Flasche, anfangs rund 6-mal pro Tag. Nach und nach pendeln sich 4–5 Mahlzeiten ein.

Ende des 1. Lebenshalbjahres wird es dann langsam Zeit für die erste richtige »Beikost« – Nahrung zusätzlich zur Milch (wann was illustriert die Grafik in der vorderen Klappe des Buchs). Lassen Sie sich und Ihrem Kind immer 4 Wochen Zeit, bevor Sie eine weitere Beikost einführen. Doch darf es durchaus einen Happs von Ihrem Teller kosten, wenn die Kost mild und verträglich ist.

Während in der Vergangenheit eine möglichst monotone Kost als beste Allergievorbeugung galt, geht der Trend heute nämlich eher in Richtung: Das Baby darf ganz natürlich nach und nach am Familientisch probieren und mitessen.

Ein Brei nach dem anderen Da mit etwa 6 Monaten die Eisenvorräte des Babys knapp werden, wird als Erstes mittags ein Gemüsebrei mit kleiner Fleischeinlage gefüttert – meist mit dem Löffel.

Als zweite Mahlzeit wird die gewohnte Abendmilch durch einen **Milchbrei** ersetzt, anfangs auch nach Wunsch mit der Flasche – das fällt Mutter und Kind oft leichter.

Der **Getreide-Obst-Brei** tritt nachmittags an die Stelle der dritten Trinkmahlzeit und wird gelöffelt.

Morgenmilch Sie bekommt Ihr Kind bis zum Ende des 1. Jahres. Wenn Sie lange stillen, braucht Ihr Kind vielleicht auch noch eine »Late Night«-Mahlzeit. Ab dem 10. Monat kann ein Müsli oder etwas Brot und Milch vom Familientisch an die Stelle der Morgenmilch treten. Gegen Ende des 1. Jahres wird Ihr Kind Mitglied an der Familientafel und kann am Ende das meiste mitessen.

Die 4 Babymahlzeiten

Die Säuglingsmilchnahrung ist der Muttermilch nachempfunden, erreicht aber nie ganz deren Eignung fürs Baby. Wer nicht stillt, sollte in jedem Fall industriell hergestellte Säuglingsmilchnahrung füttern. Kuhmilch pur kann Ihr Kind im 1. Halbjahr nicht vertragen – sie ist anders zusammengesetzt als Muttermilch und kann eine Unverträglichkeit auslösen. Einen Überblick über die verschiedenen Arten finden Sie auf Seite 7.

Der Gemüsebrei ist anfangs ein »Möhren-Kartoffel-Fleisch-Brei«. Möhren sind karotinreich und schmecken leicht süßlich. Auch Kartoffeln sind mild und gut verträglich. Dazu kommt mageres Fleisch, Apfelsaft und Rapsöl. Später kann mildes Gemüse die Möhren ersetzen. Wer sein Baby fleischlos ernährt, sollte die Kartoffeln teilweise durch Hirse- oder Haferflocken ersetzen. Für qualitätvolle fertige Baby- (ab 5.–7. Monat) und Junior-Menüs (ab 8. Monat) aus dem Glas gilt: wenig Zutaten, 30 g Fleisch und 8–10 g Fett pro Mahlzeit.

Der Milchbrei wird aus Kuhmilch, Vollkornflocken und etwas Saft gekocht. Im 2. Halbjahr verträgt Ihr Kind diese Menge Kuhmilch. Ist es allergiegefährdet, kann der Brei auch mit HA-Säuglingsmilchnahrung zubereitet werden oder mit Instant-Breien. Achtung: Instantbreie mit Frischmilch enthalten Kuhmilch und oft Zucker! Ideal sind Breie ab 4. Monat; sie eignen sich auch für ältere Säuglinge. Wichtig ist: Sie sollten nur wenige Zutaten enthalten.

Der Getreide-Obst-Brei enthält Getreide, Obst, Butter und Wasser. Er ist milchfrei, weil Ihr Kind sonst zu viel Eiweiß bekäme. Wer mit Kuhmilch erst sehr spät beginnen will, kann diesen Brei vor dem Milchbrei einführen. Das Vollkorngetreide wird mit Wasser aufgekocht und mit frischem Obstmus der Saison vermischt, z. B. mit geraspeltem Apfel oder püriertem Pfirsich. Als Fett wird Butter zugegeben. Auch diesen Brei gibt es fertig zu kaufen – aber das ist überflüssig und meist viel zu süß und »künstlich«.

VORBEUGEN

Die Grundlagen

Die genetische Veranlagung zu Übergewicht oder Allergien ist angeboren. Mit Ernährung und Lebensstil können Sie dem Auftreten aber vorbeugen.

Übergewicht

Soll man beim Baby schon darauf achten? Jein ... Gestillte Babys werden als Kinder seltener übergewichtig als Flaschenkinder – je länger die Stillzeit dauert, desto deutlicher ist dieser Effekt. Die Grafik in der hinteren Klappe bietet eine gute Übersicht. Liegt das Gewicht Ihres Kindes im Bereich »zu schwer«, vergleichen Sie die Trinkmenge mit den

Empfehlungen (s. Seite 12). Das gilt auch für die Beikost. Als zusätzliche Getränke am besten Wasser oder ungesüßte, dünne Tees geben. Einen festen Essrhythmus beibehalten: 4, höchstens 5 Mahlzeiten geben. Nicht bei jedem Geschrei mit Essbarem reagieren. Kein Knabberzeug zwischendurch. Das alles hilft Ihrem Kind, die Signale von Hunger und Sättigung zu verstehen und ein gesundes Essverhalten zu lernen. Der beste Schutz vor Übergewicht ist ein gesunder Lebensstil. Überlegen Sie sich also jetzt schon, wie Sie die Mahlzeiten gestalten möchten, welche Nasch-Regeln es gibt. Das tut der ganzen Familie gut. Ebenso wie Bewegung: Lassen Sie Ihr Baby krabbeln, turnen, seine Fähigkeiten trainieren. Babysafe und Wippe sind tabu – ein großzügiger »Laufstall« dagegen ist im 1. Jahr zeitweise eine richtige Trainingshilfe. Übrigens: Gestillte Kinder nehmen keinesfalls langsamer zu – das konnte eine Untersuchung der WHO beweisen.

Allergierisiko reduzieren

Ist ein Elternteil oder sind sogar beide Allergiker, hat Ihr Baby ein gewisses Risiko, ebenfalls allergisch zu reagieren. Ganz lässt sich das Auftreten einer Allergie nicht verhindern, aber herauszögern: durch langes Stillen! Fatal ist ein Zufüttern in den ersten Tagen in der Klinik – schon 2–3 Wochen Stillen helfen Ihrem Kind. Wer nicht oder nur kurz stillt, sollte im 1. Jahr HA-Milchnahrung geben. Mit der Beikost können Sie ab Ende des 4. Monats beginnen. Neue Lebensmittel in Probiermengen geben, damit sich Ihr Kind daran gewöhnen kann. Abwechslung ist wichtig, aber Soja, Fisch, Ei und Nüsse sollten Sie vorsichtig, nach und nach, einführen. Mit Kuhmilch erst im Rahmen des Milch-Getreide-Breis im 6. Monat beginnen, mit Weizen und anderem Getreide zwischen dem 4. und 6. Monat. Tritt eine Allergie auf, muss das Allergen strikt gemieden werden. Im Fall von Kuhmilchallergie eine hydrolysierte (s. Seite 7) Nahrung geben. Ihr Kinderarzt kann feststellen, ob Ihr Baby eine richtige Allergie hat oder eine Unverträglichkeit, die wieder verschwindet.

VORBEUGEN

Kuhmilch – ja oder nein?

Reine Vollmilch ist fürs Baby im 1. Jahr nicht geeignet. Ausnahme: Kuhmilch im Milch-Getreide-Brei, der als zweiter Brei eingeführt wird. Allergiegefährdete Babys sollten ab dem 6. Monat als zweiten Brei lieber den milchfreien Getreide-Obst-Brei bekommen. Die Einführung des Milch-Getreide-Breis fällt dann in den 7. Monat, wenn das Verdauungssystem schon stabil ist. Alle Milchbreie in diesem Buch lassen sich auch mit HA-Säuglingsnahrung herstellen. Kochen Sie dazu den Brei nur mit Wasser und rühren das Instant-HA-Pulver nach dem Kochen unter: So bleiben die Vitamine erhalten.

Zöliakie

Diese Unverträglichkeit gegen das Getreideeiweiß Gluten ist angeboren und tritt auf, sobald Ihr Kind glutenhaltiges Getreide isst: Weizen, (meist Zwieback oder Grieß), Roggen, Gerste, Dinkel, Grünkern und Hafer. Gluten verändert die Darmschleimhaut, sie kann ihre Aufgabe, Nährstoffe aufzunehmen, nicht mehr erfüllen. Das betroffene Kind nimmt ab, sein Bauch ist aufgebläht, sein Stuhl voluminös und übel riechend. Das Risiko für das Auftreten kann durch langes Stillen gesenkt werden. Außerdem wurde festgestellt, dass das Risiko geringer ist, wenn nach und nach alle Getreidesorten zwischen dem 4. und 6. Monat eingeführt werden und parallel weitergestillt wird. Ist Ihr Kind erkrankt, muss es in den ersten Jahren Gluten strikt meiden. Beim Brei ist das relativ einfach; bei Brot wird es schwierig. Gängige Brotsorten sind immer glutenhaltig. Achten Sie auf den Hinweis »glutenfrei«. Nur Reis, Mais, Hirse und Buchweizen enthalten kein Gluten. Die größte Auswahl finden Sie im Reformhaus.

Neurodermitis

Schorf, Pickel und Hautrötung sind in den ersten Monaten normal, die Pfirsichhaut entwickelt sich erst später. Doch juckende und wunde Stellen in den Gelenkbeugen und am Po Ihres Babys können der Beginn einer Neurodermitis sein. Anfangs tritt meist nässender Milchschorf am Kopf und im Gesicht auf. Dann verlagert sich der Ausschlag in die Gelenkbeugen. Das Ekzem juckt stark – schon Babys kratzen sich wund. Der Ausschlag kann in Schüben verlaufen und nach wochenlanger Ruhe wieder aufblühen. Zum Trost: Oft verliert sich die Neurodermitis mit der Zeit – vor allem, wenn man mit ihr möglichst gelassen umgeht. Die beste Kur: langes Stillen. Streichen Sie säurereiches rohes Obst und Gemüse, Zucker, Fertigprodukte und Kuhmilch. Schränken Sie nicht auf Verdacht den Speiseplan zu sehr ein – die Folge können Essmarotten Ihres Kindes sein. Auch Nikotin in der Wohnung kann das Ekzem verstärken. Achten Sie auf allergenarme Bettwäsche und Kleidung. Haustiere scheinen nach neuesten Studien eher das Risiko für Neurodermitis zu senken. Negativ scheint dagegen übertriebene Hygiene zu wirken. Ihr Arzt wird Ihnen außerdem Spezialsalben verschreiben.

PLUSPUNKT SELBER KOCHEN

Gute Gründe fürs Selberkochen

Das Angebot an Gläschen und Instant-Breien ist riesig. Die Zutaten sind kontrolliert, die Zubereitung ist einfach. Warum also selber kochen?

Die Zusammensetzung Fertigprodukte enthalten oft zu viele Zutaten, zu wenig hochwertiges Fett, zu viel Zucker, und sie werden üppig mit Nährstoffen angereichert. Diese Fehler können Sie vermeiden und dabei Ihr Baby mit allem, was es braucht, versorgen – das ist nachgewiesen.

Der Geschmack Fertigprodukte haben einen Einheitsgeschmack, der schon früh an industrielle Nahrung gewöhnen kann. Babys, die durch ihre Milchnahrung z. B. Vanille kannten, behielten diese Vorliebe auch später. Selbstgekochtes gewöhnt den Geschmack an natürlich frische Lebensmittel.

Der Preis Fertigprodukte sind teurer. Das Forschungsinstitut für Kinderernährung ermittelte, dass Fertigbeikost doppelt bis dreimal so teuer ist wie Selbstgekochtes. Einen Vergleich von allen industriell hergestellten Beikostprodukten mit den vom FKE empfohlenen selbst gekochten Breien finden Sie unter www.nutrichild.de (→ Beikost-Produkte online).

Der Aufwand Babyküche ist einfach und schnell – der Aufwand gering.

Praxis gewinnen Warum sich nicht Schritt für Schritt ins Kochen für Kinder einarbeiten? Sie sammeln Erfahrungen, die Ihnen in den nächsten Jahren helfen. Mit Baby sind mehr Sie ans Haus gebunden – nützen Sie die Zeit für eine gesunde Ernährung. Das tut der ganzen Familie gut – auch Ihnen selbst.

Fazit: Ab und zu sind Fertigprodukte kein Problem. Auf Dauer ist es aber sinnvoll, selbst zu kochen.

Nur kein Stress!

Hilfe annehmen Sie sind nicht alleine: Einkaufen ist mit Baby oft hektisch und anstrengend. Gewöhnen Sie sich an, Einkaufslisten zu schreiben und Ihren Partner oder Freunde damit zu beauftragen.

Ihr Baby kocht mit Machen Sie die Küche babysicher. Dann können Sie es anfangs im Stubenwagen, später im Laufstall teilhaben lassen an Ihrem Tun, den Geräuschen und Düften – und trotzdem in relativer Ruhe kochen.

So klappt das Selberkochen

Schonend kochen Verarbeiten Sie die Zutaten möglichst frisch. Zerkleinert verlieren Lebensmittel besonders schnell Vitamine. Dünsten gart bei niedrigen Temperaturen mit wenig Flüssigkeit am sanftesten. Kochen (mit mehr Flüssigkeit) ist bei Kartoffeln und Fleisch sinnvoll. Getreide wird auch gekocht – dabei quillt es. Braten bei starker Hitze, Grillen oder Frittieren ist für Babys ungeeignet, es entstehen schädliche Substanzen wie Nitrosamine oder Acrylamid.

Die Mikrowelle Fürs Auftauen oder zum Kochen kleiner Mengen Getreidebrei ist sie gut geeignet. Es entwickeln sich dabei keinerlei schädliche Stoffe. Rühren Sie den Brei gut durch, die Hitze ist oft unterschiedlich verteilt. Verwenden Sie die Garflüssigkeit mit, sonst schwimmen Vitamine und Mineralstoffe davon.

Vorrat und Reste Wer Brei auf Vorrat kocht, sollte ihn schnell abkühlen lassen und portionsweise einfrieren – wiegen Sie ab, wie viel Ihr Baby gewöhnlich isst. Einzelne Portionen auftauen. Wichtig: Der Brei soll vor dem Essen einmal aufkochen. Fertigen Brei und Reste im Gläschen können Sie 1 Tag im Kühlschrank aufbewahren. Reste nicht wieder erwärmen – lieber ins Erwachsenenessen schmuggeln.

WAS DARF IHR BABY ESSEN?

Welche Lebensmittel fürs Baby?

Bevorzugen Sie einfache Lebensmittel der Saison, möglichst aus biologischem Anbau. Diese sind weniger belastet und schonen die Welt von morgen.

Obst und Gemüse sollten unbehandelt und frisch sein. Je reifer sie sind, desto mehr Nährwert haben sie. Auch Tiefkühlprodukte ohne weitere Zusätze sind empfehlenswert – v. a. im Winter. Dann enthält Treibhausware nämlich wegen der fehlenden Sonneneinstrahlung oft mehr Nitrat.

Kartoffeln werden von Babys besonders gut vertragen. Zur Verarbeitung im Brei sind mehlige Sorten am besten geeignet: Sie lassen sich am besten pürieren.

Getreide bekommt Ihr Baby zunächst als Flocken. In den ersten 9 Monaten am besten spezielle Babyflocken (s. Seite 31). Zur Vorbeugung von Zöliakie sollten Sie alle Getreidesorten zwischen dem 4. und 6. Monat einführen. Am besten als Vollkornprodukt.

Fleisch ist für die Eisenversorgung wichtig. Rind enthält davon besonders viel. In reinem Muskelfleisch wurden bisher in keinem Fall BSE-Erreger festgestellt; das Bio-Siegel bietet zusätzliche Sicherheit. Wer trotzdem Sorge hat, nimmt Lamm, Geflügel oder Schwein.

Brot wird gegen Ende des 1. Lebensjahres eingeführt, gerne als Knabberkante beim Zahnen. Wählen Sie fein vermahlenes Vollkornbrot mit Roggenanteil. Entfernen Sie dunkle Krusten, sie enthalten Acrylamid. Laugengebäck ist wegen des hohen Salzgehalts weniger günstig.

Milch wird im 2. Halbjahr eingeführt, zuerst nur im Abendbrei. Sie sollte pasteurisiert sein; also keine Rohmilch, sondern ganz normale Frischmilch. Mit Joghurt, Quark oder Käse sollten Sie bis zum 10. Monat warten.

Fisch ist wertvoll, kann aber bei frühem Kontakt Allergien hervorrufen. Im Rahmen der Familienkost gegen Ende des 1. Jahres einführen.

Fett wird zu jedem Brei nach dem Kochen dazugegeben. Rapsöl hat einen idealen Fettsäure-Mix, kleine Mengen Butter liefern Vitamin D. Lieber noch keine kalt gepressten Öle geben wegen möglicher Verunreinigungen.

Zucker braucht Ihr Kind nicht. Die natürliche Süße von Obst, Getreide und Gemüse wie Möhren entspricht der von Muttermilch. Zucker in Tees ist für die Zähne sogar extrem schädlich. Honig und Sirups sollten Sie Ihrem Kind nicht vor dem 1. Lebensjahr geben, um jede noch so geringe Gefahr von gefährlichen Keimen (Botulismus) auszuschließen.

Kekse sind als Kinderknabberei beliebt. Sie haben aber viel Fett und Zucker. Zwieback ist besser geeignet. Acrylamid enthalten beide. Ein mürber Apfel ist in jedem Fall die bessere Wahl.

Getränke braucht ein voll gestilltes Kind nicht. Erst mit Einführung der Beikost wird Extra-Flüssigkeit nötig. Am besten Wasser (Seite 25), nur bei Blähungen ab und zu dünn gekochten Tee. Als Breizugabe reine Fruchtsäfte (Direktsaft) verwenden.

HYGIENE

Wie keimfrei soll es sein?

Eine Auseinandersetzung mit den Alltags-Keimen stärkt das Abwehrsystem. Doch gerade in den ersten Monaten kann ein Zuviel Ihr Baby krank machen.

Beim Kochen und Füttern ist Sauberkeit daher wichtig. Chemische Mittel benötigen Sie dazu nicht: Spülmittel und heißes bzw. kochendes Wasser sind ausreichend. Denn an die heimischen »Familienkeime« gewöhnt sich Ihr Baby schnell.

Flasche, Sauger, Schnuller

Flasche und Sauger entweder nach jedem Gebrauch mit der Flaschenbürste unter fließendem Wasser gründlich reinigen oder in die Spülmaschine stellen. Den Sauger zusätzlich mit etwas Salz ausreiben, um letzte Milchreste zu entfernen; gründlich nachspülen. Danach in den ersten 6 Monaten beide sterilisieren: Dafür ist ein Dampf-Sterilisator (Vaporateur) praktisch, aber es geht auch im Topf: Flasche und Sauger im Wasser 30 Min. sprudelnd kochen lassen. Oder 5 Min. mit etwas Wasser im Schnellkochtopf bei Stufe 2. Das tut Kautschuksaugern aber nicht so gut, die muss man hin und wieder ersetzen. Löffel, Trinklerntasse oder Teller können in der Spülmaschine oder mit Lauge und heißem Wasser gewaschen werden. Gegen Ende des 1. Halbjahres können Sie dann aufs Sterilisieren verzichten und alles wie oben angegeben reinigen.

Warm halten oder aufwärmen?

Bakterien vermehren sich bei Temperaturen über 30° explosionsartig. Deshalb ist es riskant, den Babybrei oder die -flasche warm zu halten. Lieber gut kühlen und dann kurz aufwärmen. Nur bei ungeöffneten Gläschen ist das kein Problem: Sie werden bei der Herstellung sterilisiert. Wie Sie hygienisch mit Resten umgehen, steht auf Seite 19.

ÜBRIGENS:
Abgepumpte Muttermilch nie aufkochen, nur auf Trinktemperatur erwärmen. Sonst werden wertvolle Inhaltsstoffe zerstört.

5. bis 9. Monat

Die Breichen-Zeit beginnt: Irgendwann rund ums Ende des 1. Halbjahrs reicht flüssige Nahrung allein nicht mehr aus. Ihr Kind kann jetzt auch festere Kost bewältigen. Sein Bedarf an Eisen und Energie ist groß. Sie merken, wenn es unruhig wird, die Trinkabstände enger werden und es sich für Ihr Essen interessiert. Lassen Sie sich trotzdem Zeit mit der Einführung.

Grundrezept Mittagsbrei:
Gemüse-Kartoffel-Fleisch-Brei

1 Kartoffel (etwa 50 g)
100 g Möhren
20 g mageres Fleisch (Schwein, Geflügel, Lamm
oder Rind), gehackt oder fein geschnitten
2–3 EL Apfelsaft
1 EL Rapsöl

Für 1 Portion ab 5. Monat
⏲ 30 Min. Zubereitung
Circa 180 kcal, 6 g EW, 11 g F, 14 g KH

1 Die Kartoffel waschen und in der Schale in
15–20 Min. gar kochen.

2 Die Möhren waschen, schälen und klein schneiden. Mit dem Fleisch und 3 EL Wasser in einem
Topf 15 Min. dünsten. Wenn nötig, noch 1 EL Wasser
dazugeben.

3 Die Kartoffel pellen und klein schneiden. Mit
Apfelsaft und Rapsöl zu Möhren und Fleisch geben.
Alles mit dem Pürierstab fein pürieren.

TIPP – EISENSPEICHER
Nach 6 Monaten ist Fleisch als Eisenlieferant wichtig,
die vor der Geburt angelegten Eisenspeicher des Babys
sind erschöpft. Besonders eisenreich ist dunkles Fleisch
wie Rind oder Lamm. Das Vitamin C des Apfelsafts ver-
bessert die Eisenaufnahme aus dem Fleisch.

5. BIS 9. MONAT

Vorratsbrei

Für 10 Portionen 600 g Kartoffeln waschen und mit Schale in 20–25 Min. gar kochen (Bild 1). Gleichzeitig 300 g mageres Rindfleisch (z. B. aus der Blume) in 1 cm große Würfel schneiden. 1 kg Möhren waschen, schälen, längs vierteln und in 1 cm große Stücke schneiden. 150 ml Wasser dazugießen, alles aufkochen lassen und zugedeckt bei schwacher Hitze 15 Min. garen, bis sie weich sind. Zwischendurch umrühren.

Fleisch und Möhren mit einem Schaumlöffel aus dem Topf nehmen (Bild 2). Den Kochsud beiseitestellen. Fleisch und Möhren portionsweise pürieren, dabei 300 ml naturtrüben Apfelsaft und 100 ml Öl dazugeben (Bild 3). Die Kartoffeln pellen. Durch eine Kartoffelpresse zum Fleisch-Mix pressen (nicht pürieren, sonst werden sie zäh und kleisterig). Sie können sie auch mit etwas Apfelsaft fein zerstampfen. Nach und nach so viel Kochsud unterrühren, dass der Brei die gewünschte Konsistenz hat.

Portionsweise einfrieren

Praktisch und platzsparend sind kleine Zipp-Gefrierbeutel. Die Menge richtet sich nach Alter und Appetit Ihres Kindes: Ist der Brei neu eingeführt, reichen etwa 100 g, später können es bis zu 200 g werden. Zum Portionieren die Menge am besten abwiegen.

Der erste Löffel

Der Mund ist das empfindlichste Organ Ihres Babys. Mit ihm fühlt und tastet es. Deshalb sollte der erste Löffel weich und warm sein – also am besten aus Plastik. Da Ihr Kind zunächst den Brei vom Löffel saugt, sollte er außerdem schmal, seitlich abgerundet und nicht zu tief sein. Oft gibt es passende Löffelchen als Geschenk zu Probierpackungen der Lebensmittelindustrie. Den silbernen Tauflöffel sollten Sie lieber erst gegen Ende des 1. Jahres in Gebrauch nehmen.

Und der Teller?

Wenn Ihr Baby den Brei gerne warm isst, sollten Sie einen Warmhalteteller benutzen. Ansonsten reicht ein simples Schälchen.

Das erste Lätzchen

Es sollte weich und saugfähig sein und möglichst die ganze Vorderfront mit den Oberarmen abdecken. Ärmellätzchen zum Hineinschlüpfen sind erst empfehlenswert, wenn Ihr Kind selber löffelt.

5. BIS 9. MONAT

Löffeln will gelernt sein

Langsam beginnt der Abschied von Brust oder Flasche – der Weg wird frei für die weitere Entwicklung. Die Schluck-Kau-Bewegung ersetzt jetzt den Saugreflex.

Aller Anfang braucht Geduld

Füttern Sie als Erstes den Mittagsbrei – und zwar am besten Möhrenmus pur: Das ist weich und süßlich. Weil Sie anfangs nur ein paar Löffel davon brauchen, können Sie 250 g zarte Möhren kochen, pürieren und im Eiswürfelbereiter einfrieren.

Wenn Ihr Baby das akzeptiert, drücken Sie Kartoffeln dazu und kochen nach 1 Woche »Training« den kompletten Mittagsbrei von Seite 23.

Wer löffelt, muss auch trinken

Sobald Ihr Kind festere Kost bekommt, sollte es danach auch etwas trinken. Sie können parallel beginnen, Ihrem Kind etwas Flüssigkeit – am besten abgekochtes Wasser – in einer Trinklerntasse anzubieten. Diese Tassen sind unzerbrechlich und standsicher und sollten eine Art Trinkschnabel haben. Modelle mit Sauger sind weniger sinnvoll. Überlassen Sie Ihrem Kind die Tasse nicht zum Dauernuckeln.

Ab dem 10. Monat braucht das Kind auch den Schnabel nicht mehr, sondern kann lernen, richtig vom Becherrand zu trinken. Geben Sie Wasser hinein, dann kann ruhig etwas daneben gehen.

Allgemein gilt: Verzichten Sie auf Säfte! Der beste Durstlöscher ist Wasser (nicht kohlensäurehaltiges Mineralwasser!). Geeignet ist auch dünner Kräutertee. Kochen Sie Leitungswasser zumindest im 1. Halbjahr ab. Es sollte warm bis lauwarm sein. Eiskalte Getränke tun Ihrem Baby nicht gut.

Was tun beim Breichen-Streik?

Ihr Baby muss sich an Konsistenz und Geschmack von Breichen erst gewöhnen, und das kann mit Schwierigkeiten verbunden sein. Machen Sie es dem Kind leichter:

› Bevorzugen Sie leicht süßliche Gemüsesorten wie Möhre und Kürbis, geben Sie vielleicht noch etwas Obstmus dazu.
› Verdünnen Sie den Brei mit etwas Saft und pürieren Sie ihn sehr fein.
› Machen Sie die ersten Versuche, nachdem der größte Hunger Ihres Kindes gestillt, es aber noch nicht satt ist.
› Mischen Sie anfangs ein paar Löffel Muttermilch ins Möhrenmus.
› Haben Sie Geduld; aber geben Sie nicht auf.

Organisation hilft!

Machen Sie es sich so einfach wie möglich: Kochen Sie gleich mehrere Portionen und frieren Sie sie ein. Sie können auch einen Teller für sich abzweigen und nachwürzen (Würz-Hefeflocken liefern zusätzlich viele B-Vitamine). Dann haben Sie keine doppelte Arbeit. Die Nachmittags- und Abendbreie auf Getreidebasis sind so schnell gemacht, dass sie jeweils frisch gekocht werden. Wenn Sie noch stillen, können Sie gleich die doppelte Portion zubereiten und mitessen, denn Getreidegrützen wirken milchbildend.

mittags | Frühling
Kohlrabibrei mit Huhn

250 g Kartoffeln | 500 g Kohlrabi | 100 g Hühnerbrustfilet | 2–3 TL fein gehackte Petersilie (TK) | 4–6 EL Apfelsaft | 4–5 knappe EL Rapsöl

Für 4–5 Portionen ab 6. Monat
⏲ 35 Min. Zubereitung | Bei 5 Portionen pro Portion ca. 145 kcal, 7 g EW, 8 g F, 10 g KH

1 Die Kartoffeln waschen und mit Schale in 20–25 Min. gar kochen. Gleichzeitig Kohlrabi waschen, schälen und klein würfeln. Die Hühnerbrust in Streifen schneiden, mit dem Kohlrabi in 3 EL Wasser zugedeckt 15 Min. dünsten. Wenn nötig, noch etwas Wasser dazugeben.

2 Die Kartoffeln pellen, klein schneiden und mit Petersilie und Apfelsaft zum Kohlrabi geben. Alles fein pürieren. Portionsweise einfrieren, 1 knappen EL Öl vor dem Einfrieren oder nach dem Auftauen zu jeder Portion geben.

mittags | Sommer
Zucchinibrei mit Lamm

250 g Kartoffeln | 300 g Zucchini | 100 g Lammhackfleisch | 300 g Tomaten | 4–6 knappe EL Rapsöl

Für 4–5 Portionen ab dem 6. Monat
⏲ 35 Min. Zubereitung | Bei 5 Portionen pro Portion ca. 150 kcal, 6 g EW, 11 g F, 6 g KH

1 Die Kartoffeln waschen und mit Schale in 20–25 Min. gar kochen. Gleichzeitig die Zucchini waschen, putzen und klein schneiden. Mit dem Lammfleisch zugedeckt 15 Min. dünsten.

2 Die Tomaten kreuzweise einritzen und mit kochendem Wasser überbrühen. Die Haut abziehen, das Fruchtfleisch würfeln.

3 Die Kartoffeln pellen, in Stücke schneiden und mit Tomaten zum Zucchini-Lamm geben. Alles fein pürieren, abkühlen lassen und portionsweise einfrieren. 1 knappen EL Öl vor dem Einfrieren oder nach dem Auftauen zu jeder Portion geben.

mittags | Herbst

Kürbisbrei mit Rind

250 g Kartoffeln | 250 g Hokkaidokürbis | 250 g Möhren | 100 g Rinderlende | 75 ml Orangensaft | 4–6 knappe EL Rapsöl

Für 4–5 Portionen ab dem 5. Monat
35 Min. Zubereitung | Bei 5 Portionen pro Portion ca. 165 kcal, 6 g EW, 11 g F, 10 g KH

1 Die Kartoffeln mit Schale in 20–25 Min. gar kochen. Kürbis und Möhren waschen, putzen, schälen und in Stücke schneiden. Das Fleisch in feine Streifen schneiden.

2 Gemüse und Fleisch in einem Topf zugedeckt bei schwacher Hitze 15 Min. kochen, bis der Kürbis zerfallen ist. Bei Bedarf etwas Wasser dazugeben.

3 Die Kartoffeln pellen und klein schneiden. Mit Orangensaft zum Fleisch-Mix geben und alles mit dem Pürierstab fein pürieren. Portionsweise einfrieren. 1 knappen EL Öl vor dem Einfrieren oder nach dem Auftauen zu jeder Portion geben.

mittags | Winter

Kartoffelbrei mit Pute

250 g Salatgurke | 250 g Kartoffeln | 250 g Butterrüben | 100 g Putenbrustfilet | ¼ l dünner Pfefferminztee | 4–6 knappe EL Rapsöl

Für 4–5 Portionen ab 5. Monat
30 Min. Zubereitung | Bei 5 Portionen pro Portion ca. 150 kcal, 6 g EW, 10 g F, 8 g KH

1 Die Gurke waschen, schälen und längs halbieren. Die Kerne mit einem Teelöffel entfernen. Das Fruchtfleisch klein schneiden.

2 Kartoffeln und Rüben waschen, schälen und klein würfeln. Die Putenbrust kalt abspülen, trocken tupfen und in dünne Streifen schneiden. Alles im Pfefferminztee aufkochen und zugedeckt bei schwacher Hitze 15 Min. kochen.

3 Die Gurke dazugeben und alles fein pürieren. Portionsweise einfrieren. 1 knappen EL Öl vor dem Einfrieren oder nach dem Auftauen zu jeder Portion geben.

5. BIS 9. MONAT

mittags | vegetarisch

Fenchel-Hirse-Brei

300 g Fenchel
250 g Kartoffeln
200 g Äpfel
50 g Hirseflocken
75 ml Apfelsaft
4–6 EL Rapsöl

Für 4–6 Portionen ab 5. Monat
⊚ 30 Min. Zubereitung
Bei 6 Portionen pro Portion ca. 170 kcal, 3 g EW,
10 g F, 18 g KH

1 Den Fenchel waschen, putzen und klein schneiden, das Grün entfernen. Kartoffeln und Äpfel
waschen, schälen und klein würfeln. ¼ l Wasser
erwärmen. Fenchel und Kartoffeln darin zugedeckt
15 Min. kochen lassen.

2 Die Apfelwürfel dazugeben, alles noch 5 Min.
kochen lassen. Die Hirseflocken einstreuen und
den Brei unter ständigem Rühren 3 Min. kochen
lassen.

3 Den Brei vom Herd nehmen, mit Apfelsaft fein
pürieren, bei Bedarf noch etwas Wasser dazugeben. Portionsweise einfrieren. 1 knappen EL Öl vor
dem Einfrieren oder nach dem Auftauen zu jeder
Portion geben.

VARIANTEN

Je nach Saison können Sie den Fenchel mit jedem
Gemüse zubereiten, das Ihr Kind verträgt. Gewöhnen
Sie es nach und nach an die Vielfalt des Geschmacks.
Auch den Apfel können Sie ersetzen – Birne, Mango
oder Pfirsich sind besonders gut geeignet.

mittags | vegetarisch

Brokkoli-Hafer-Brei

500 g Brokkoli
250 g Kartoffeln
50 g Haferflocken
75 ml Apfelsaft
4–6 knappe EL Rapsöl

Für 4–6 Portionen ab 6. Monat
⊚ 30 Min. Zubereitung
Bei 6 Portionen pro Portion ca. 140 kcal, 3 g EW,
8 g F, 13 g KH

1 Den Brokkoli waschen, putzen und in Röschen
teilen, die Stiele schälen und würfeln. Die Kartoffeln waschen, schälen und klein würfeln.

2 ¼ l Wasser in einem kleinen Topf erhitzen. Brokkoli und Kartoffeln darin zugedeckt bei schwacher
Hitze 15 Min. kochen lassen, bis beides weich ist.

3 Die Haferflocken einrühren und den Brei unter
ständigem Rühren aufkochen lassen. Den Brei vom
Herd nehmen. Den Apfelsaft unterrühren und alles
mit dem Pürierstab fein pürieren. Portionsweise
einfrieren. 1 knappen EL Öl vor dem Einfrieren oder
nach dem Auftauen zu jeder Portion geben.

TIPPS – VEGETARISCH

Eisen kann bei vegetarischem Essen knapp werden.
Hirse und Hafer sind die eisenreichsten Getreidesorten
und können gegeneinander ausgetauscht werden. Nach
dem 8. Monat können Sie statt 1 EL Öl nur 1 TL nehmen
und zusätzlich 1 TL Tahin (Sesampaste) unterrühren.
Sesam ist nämlich noch eisenreicher.

Über die Eiweißversorgung müssen Sie sich keine
Sorgen machen: Kartoffeln und Getreide liefern einen
idealen Mix.

oben: Fenchel-Hirse-Brei | unten: Brokkoli-Hafer-Brei

abends

Grundrezept Abendbrei: Vollmilch-Getreide-Brei

*Er wird abends als zweiter Brei eingeführt. Sie können ihn anfangs mit der Flasche
füttern. Manchmal hilft er beim Durchschlafen.*

200 ml Vollmilch
20 g Baby-Reisflocken
4 TL Apfelsaft

Für 1 Portion ab 6. Monat
⏲ 10 Min. Zubereitung
Pro Portion ca. 220 kcal, 9 g EW, 9 g F, 27 g KH

1 Stellen Sie sich die Zutaten bereit (Bild 1).

2 100 ml Milch in einem kleinen Topf mit den Reisflocken verrühren (Bild 2).

3 Die Mischung zum Kochen bringen, dabei stän-
dig mit dem Schneebesen rühren. Bei mittlerer
Hitze 1–2 Min. (nach Packungsangabe bei den Flo-
cken) kochen lassen. Den Topf vom Herd ziehen.
Die restliche Milch und den Apfelsaft unter den
Reisbrei rühren (Bild 3).

4 Den Brei in die Flasche (mit Breisauger) füllen
(Bild 4) und behutsam mischen. Der Brei hat jetzt
Trinktemperatur.

5 Bei längerem Stehen dickt der Brei nach (Bild 5).
Wird er zu dick für die Flasche, verdünnen Sie ihn
mit abgekochtem Wasser.

VARIANTE – ALLERGENARMER BREI
Bereiten Sie den Brei statt mit Milch mit hypoallergener
Säuglingsnahrung (s. Seite 7) zu: Reisflocken mit 150 ml
Wasser anrühren und aufkochen, 1–2 Min. kochen las-
sen. Vom Herd ziehen, 50 ml Wasser, 3 TL Apfelsaft und
Säuglingsnahrung für 200 ml Flüssigkeit (Packungsan-

gabe) unterrühren. Den Brei in die Flasche füllen und
behutsam mischen.

TIPP – BABY-FLOCKEN
Das Angebot kann schnell verwirren. Die größte Auswahl
haben Bioläden, Reformhäuser und Drogerien. Sie finden die Flocken auch unter der Bezeichnung »Brei« oder
»Reisschleim«, außerdem eignet sich auch Grieß. Achten Sie darauf, dass die Flocken keine weiteren Zusätze
enthalten. Verwenden Sie verschiedene Getreidearten –
das Risiko für das Auftreten von Zöliakie und Allergie ist
geringer, wenn Sie ergänzend zum Stillen alle Getreidesorten zwischen dem 4. und 6. Monat einführen. Die
Koch- und Quelleigenschaften können sehr unterschiedlich sein. Beachten Sie bei der Zubereitung die Angaben
auf der Packung.

FLASCHE ODER LÖFFEL?
Je nach Flocken wird der Brei dick, zum Löffeln – oder so
dünn, dass er durch den Breisauger passt. Finden Sie
die jeweils geeigneten Flocken heraus.

Für die Flasche können Sie außerdem das Obstmus
durch reinen Saft ersetzen. Mit Wasser den Flaschenbrei
lieber nicht zusätzlich verdünnen – sonst wird Ihr Kind
nicht satt. Die Breie auf der nächsten Seite sind dement-
sprechend zum Löffeln oder Trinken gedacht.

abends | Frühling
Möhrenpolenta

1 kleine Möhre (ca. 100 g) | 200 ml Vollmilch | 1 gehäufter EL (15 g) Maisgrieß (Polenta)

Für 1 Portion ab 6. Monat
25 Min. Zubereitung
Circa 200 kcal, 9 g EW, 7 g F, 25 g KH

1 Die Möhre waschen, schälen und raspeln. Mit 75 ml Wasser in einem kleinen Topf aufkochen lassen, die Milch dazugeben.

2 Die Polenta einrühren und unter Rühren bei schwacher Hitze 5 Min. kochen lassen.

3 Noch ein paar Minuten quellen lassen und dann alles mit dem Pürierstab fein pürieren.

abends | Sommer
Beeren-Brei

200 ml Vollmilch | 3 EL Baby-Vollkornflocken (ca. 20 g, z. B. Alnatura 4-Korn-Brei) | 3 EL Himbeeren oder Erdbeeren (ca. 80 g)

Für 1 Portion ab 6. Monat
15 Min. Zubereitung
Circa 220 kcal, 10 g EW, 9 g F, 25 g KH

1 Die Milch erwärmen, die Flocken einrühren. Einmal aufkochen, dann 1–2 Min. (nach Packungsangabe) unter Rühren kochen.

2 Die Beeren fein pürieren. Das Püree durch ein feines Sieb streichen, um die Kernchen zu entfernen. Das Beerenmus gut unter den fertigen Milchbrei mischen.

TIPP
Wenn Ihr Baby ans Löffeln gewöhnt ist, reicht es, die Beeren zu zerdrücken. Schmeckt auch mit Pfirsich- oder Mangomus.

abends | Herbst
Birnen-Reis-Brei

200 ml Vollmilch | 20 g Vollkorn-Reisschleim |
50 g weiche Birne | 4 TL Birnensaft

Für 1 Portion ab 6. Monat
10 Min. Zubereitung
Circa 240 kcal, 9 g EW, 9 g F, 31 g KH

1 Die Milch erwärmen. Den Reisschleim mit einem Schneebesen einrühren. Die Mischung zum Kochen bringen, bei schwacher Hitze unter Rühren 3 Min. quellen lassen.

2 Die Birne waschen, schälen und klein würfeln. Mit dem Birnensaft zum Brei geben und alles fein pürieren. Den Brei gut durchmischen.

VARIANTE – ZUM LÖFFELN
Den Saft weglassen und die doppelte Menge Birne nur grob zerdrücken.

abends | Winter
Grießbrei mit Banane

200 ml Vollmilch | 20 g Vollkorngrieß |
50 g geschälte reife Banane

Für 1 Portion ab 6. Monat
10 Min. Zubereitung
Circa 240 kcal, 9 g EW, 7 g F, 34 g KH

1 Die Milch in einem Topf erwärmen. Den Grieß mit einem Schneebesen unterrühren und einmal aufkochen lassen. Bei schwacher Hitze 3 Min. unter Rühren quellen lassen.

2 Die Banane mit einem Pürierstab fein pürieren (wenn der Brei mit der Flasche gefüttert wird) oder mit einer Gabel zerdrücken (wenn Sie den Brei mit dem Löffel füttern). Banane unter den Brei rühren.

VARIANTE
Sie können auch anderes Obst verwenden. Ist es etwas säuerlich, kombinieren sie es mit Banane.

5. BIS 9. MONAT

nachmittags

Grundrezept Nachmittagsbrei: Getreide-Obst-Brei

Er ersetzt etwa ab dem 7. Monat nachmittags die Still- oder Flaschenmahlzeit. Sie können ihn auch ab 6. Monat als zweiten Brei vor dem abendlichen Milchbrei einführen.

20 g Haferflocken
100 g Apfel
1 TL Butter (8 g)

Für 1 Portion ab 7. Monat
⊚ 10 Min. Zubereitung
Pro Portion ca. 180 kcal, 3 g EW, 9 g F, 22 g KH

1 Die Haferflocken mit 125 ml Wasser in einem kleinen Topf verrühren (Bild 1). Zum Kochen bringen und bei schwacher Hitze 1–2 Min. unter Rühren kochen lassen, dann den Topf vom Herd ziehen.

2 Den Apfel gut waschen, sorgfältig abreiben, vierteln und das Kerngehäuse entfernen. Die Apfelspalten in kleinen Stücken direkt in den Topf schneiden. Die Butter dazugeben und alles mit einem Pürierstab fein pürieren (Bild 2).

3 Kochen Sie den Grundbrei nach Saison und Geschmack, z. B. mit Pfirsich, Erdbeeren, weicher Birne oder Banane (Bild 3).

VARIANTE – GLUTENFREI
Wenn der Arzt glutenfreie Kost empfiehlt, verwenden Sie statt Haferflocken Hirse-, Mais- oder Reisflocken.

TIPP – FETTZUGABE
Die ist wichtig, sonst ist der Energiegehalt des Breis zu niedrig, und Ihr Baby ist schnell wieder hungrig. Messen Sie mit einem Teelöffel ab, auf den 8–10 g passen.

TIPP – OBSTKONSISTENZ
Je jünger Ihr Kind ist, desto feiner sollten Sie das Obst pürieren. Für ältere Kinder reicht es, weiches Obst wie Pfirsich, Banane oder Beeren mit einer Gabel zu zerdrücken.

TIPP – OBST SCHÄLEN?
Verwenden Sie, wo es geht, die Schale mit, da sitzen die meisten Vitamine und Bioaktivstoffe. Am besten Bio-Produkte kaufen. Den Apfel auf jeden Fall gründlich waschen und abreiben, um Keime und Verunreinigungen zu entfernen. Am gründlichsten beseitigt ein Mikrofasertuch die Schadstoffe.

TIPP – BEI VERSTOPFUNG
Etwas Milchzucker unter den Brei rühren.

nachmittags | Frühling
Bananen-Couscous-Brei

20 g Instant-Couscous | 100 g geschälte Banane | 3 EL Orangensaft | 1 TL Butter (8 g)

Für 1 Portion ab 7. Monat
⏱ 10 Min. Zubereitung
Circa 230 kcal, 4 g EW, 7 g F, 38 g KH

1 90 ml Wasser in einem kleinen Topf erhitzen. Sobald es kocht, den Couscous einrühren. Kurz aufwallen lassen, dann vom Herd nehmen. 3 Min. quellen lassen.

2 Die Banane klein schneiden und mit Orangensaft und Butter zum Couscous geben. Den Brei mit dem Pürierstab fein pürieren.

TIPP – VERTRÄGLICHKEIT
Manche Babys bekommen von Zitrusfrüchten einen wunden Po. Bereiten Sie den Brei dann mit Apfelsaft zu.

nachmittags | Sommer
Grießbrei mit Obst

20 g Vollkorngrieß | 50 g Erdbeeren oder geschälte Honigmelone | 1 TL Butter (8 g)

Für 1 Portion ab 7. Monat
⏱ 10 Min. Zubereitung
Circa 140 kcal, 3 g EW, 7 g F, 17 g KH

1 90 ml Wasser aufkochen lassen. Den Grieß mit einem Schneebesen einrühren. Nochmals aufkochen, vom Herd nehmen und 5 Min. ausquellen lassen.

2 Inzwischen die Erdbeeren waschen und putzen bzw. die Melone schälen und das Obst klein schneiden. Obst und Butter zum Grießbrei geben und alles fein pürieren.

TIPP – KONSISTENZ
Erdbeeren und Melone enthalten viel Wasser. Damit der Brei nicht zu flüssig ist, wird hier weniger Obst verwendet.

nachmittags | Herbst
Pflaumen-Getreide-Brei

100 g entsteinte Pflaumen | 2 El Apfelsaft | 20 g Dinkelflocken | 1 TL Butter (8 g)

Für 1 Portion ab 7. Monat
⏱ 15 Min. Zubereitung
Circa 190 kcal, 3 g EW, 8 g F, 25 g KH

1 Die Pflaumen waschen und klein schneiden. In einem Topf mit dem Apfelsaft mischen und aufkochen lassen. Zugedeckt bei schwacher Hitze in 5 Min. weich dünsten.

2 100 ml Wasser und die Flocken dazugeben, verrühren, aufkochen und bei schwacher Hitze 2 Min. kochen lassen. Vom Herd ziehen. Die Butter dazugeben, den Brei fein pürieren.

TIPP – VERSTOPFUNG
Pflaumen regen die Verdauung an. Deshalb sind sie ideal im Brei für Babys, die zu Verstopfung neigen.

nachmittags | Winter
Bratapfel-Brei

1 milder Apfel (z. B. Cox Orange, Braeburn, Gala oder Jonagold) | 2 Zwiebäcke | 1 TL Butter (8 g)

Für 1 Portion ab 7. Monat
⏱ 30 Min. Zubereitung
Circa 185 kcal, 2 g EW, 8 g F, 26 g KH

1 Den Backofen auf 200° vorheizen. Backofengitter mit Alufolie auslegen. Den Apfel waschen und daraufsetzen. Im Backofen (Mitte, Umluft 180°) 15–20 Min. garen. Dann das Fruchtfleisch mit einem Löffel von der Schale trennen.

2 Die Zwiebäcke in einem Gefrierbeutel mit einem Nudelholz zerbröseln. Mit Butter und Apfel mischen. Ist der Brei zu fest, etwas abgekochtes Wasser unterrühren.

TIPP – VOLLKORN
Gewöhnen Sie Ihr Kind schon früh an Vollkornzwieback – er enthält viel mehr wertvolle Ballaststoffe, Vitamine und Mineralstoffe als normaler Zwieback.

10. bis 12. Monat

Ihr Kind kann jetzt in seinem Kinderstuhl mit am Tisch sitzen. Das ist der richtige Zeitpunkt, es in die gemeinsamen Mahlzeiten einzubeziehen. Deshalb sind die Rezepte fürs Baby und 1 Erwachsenen gedacht. Vom Brei isst Ihr Kind nun größere Portionen, und Sie brauchen ihn nicht mehr so fein zu pürieren.

Apfel-Hafer-Brötchen

125 ml Apfelsaft
100 g Butter oder Margarine
3 EL Honig
1–2 Äpfel
300 g Mehl (Type 1050)
200 g zarte Haferflocken
1 Pck. Trockenhefe | Salz
Backpapier für das Blech
Mehl zum Arbeiten

Für ca. 30 Stück | ⏱ 40 Min. Zubereitung
40–45 Min. Ruhen | 24 Min. Backen
Pro Stück ca. 90 kcal, 2 g EW, 3 g F, 13 g KH

1 Den Apfelsaft erwärmen, Fett und Honig darin auflösen. Die Äpfel schälen und raspeln.

2 Mehl, Haferflocken und Hefe mischen. Mit Apfelsaft, Äpfeln und ½ TL Salz kneten, bis der Teig elastisch ist. Eventuell noch 2–3 EL Flüssigkeit dazugeben – der Teig quillt noch nach. Den Teig abgedeckt an einem warmen Ort 30 Min. bis zum doppelten Volumen gehen lassen.

3 Den Backofen auf 200° (Umluft 180°) vorheizen. Zwei Bleche mit Backpapier auslegen. Den Teig noch einmal kneten. Mit bemehlten Händen pflaumengroße Stücke abschneiden, formen und mit Abstand auf die Bleche setzen. 10–15 Min. ruhen lassen. Die Brötchen mit etwas Wasser bepinseln. Im Backofen (Mitte) 12 Min. backen. Das zweite Blech im Anschluss backen.

VARIANTE – HERZHAFTE BRÖTCHEN
Ersetzen Sie den Apfelsaft durch Möhrensaft und die geraspelten Äpfel durch frische Möhrenrapsel.

10. BIS 12. MONAT

Der Ess-Alltag

Gemeinsame Mahlzeiten sind wichtig für ein gesundes Essverhalten. Ihr Kind lernt dabei schon früh, sich an feste Essenszeiten zu gewöhnen.

Auch wenn Ihr Kind vielleicht jetzt noch morgens eine Still- oder Flaschenmahlzeit bekommt, können Sie etwas später mit ihm frühstücken. Kleine Brotstückchen mit Aufstrich (Käse oder mit dem süßen Aufstrich von den Seiten 42–43) kann Ihr Kind selber knabbern, das Müsli müssen Sie noch füttern.

Was gibt es wann?

Bis zum Mittagessen hält Ihr Baby nach diesem zweiten Frühstück durch. Kochen Sie eine gemeinsame Mahlzeit für Sie beide. Unsere Rezepte sind für 1 Erwachsenen und 1 Baby – das spart Zeit und tut auch Ihnen gut. Wenn die Runde größer ist, die Mengen einfach verdoppeln.

Nachmittags können Sie weiterhin einen Obst-Getreide-Brei geben. Für unterwegs sind die Apfelbrötchen oder Muffins praktisch. Auch Fruchtmus oder Waffeln sind ein guter Nachmittagssnack. Abends gibt es immer noch Brei. Es kann aber auch eine pikante Suppe oder Mehlspeise sein, die die Familie mitessen kann.

Was darf Ihr Baby jetzt essen?

Am Ende des 1. Lebensjahres verträgt Ihr Baby fast alle Lebensmittel. Es kann (und will) jetzt am Familientisch mitessen. Einiges sollten Sie dabei aber beachten: Stark gewürzte oder gesalzene Gerichte, Alkohol, Kauintensives wie rohe Möhren oder schwer Verdauliches wie scharf Gebratenes, Frittiertes oder Hülsenfrüchte sind ungeeignet. Ideal z. B. sind Kartoffeln, Reis oder Nudeln mit Sauce, Ein-

töpfe, Suppen oder Ragouts. Immer sollte Gemüse ein Bestandteil der warmen Mahlzeit sein. Je früher Sie Ihr Kind an Vielfalt gewöhnen, desto besser.

Fingerfood ist gefragt

Lassen Sie Ihr Kind immer mal wieder etwas aus der Hand knabbern: ein Stückchen Brot, eine Spalte von einem mürben Apfel oder eine Scheibe Gurke sind ideal. Das tut den wachsenden Zähnen gut und hilft Ihrem Kind, sein Essen zu begreifen. Ein »Dauerknabberer« sollte Ihr Baby dabei nicht werden: Essen ist kein Schnullerersatz. Gewöhnen Sie ihm nicht an, ständig etwas Essbares in der Hand zu haben.

Zahnpflege

Auch die Flasche sollte kein ständiger Begleiter sein – vor allem nicht im Bett! Gegen ein Fläschchen morgens ist nichts einzuwenden. Aber nicht zum Einschlafen. Es wird leicht zur Gewohnheit, ständig etwas essen bzw. trinken zu müssen – auch nur zur Beruhigung. Der Schnuller ist in jedem Fall die bessere Alternative. Reinigen Sie die ersten Zähnchen abends nach der letzten Mahlzeit mit einem feuchten Wattestäbchen. Danach nur noch Wasser trinken – am besten aus der Tasse. Zur Härtung der Zähne nach Verordnung des Kinderarztes D-Fluoretten geben und auf eine ausreichende Kalziumzufuhr achten.

Frühstück | für den Vorrat
Apfel-Mandel-Mus

40 g ganze Mandeln | 40 g Bulgur | 200 ml Apfelsaft | ½ Apfel

Für ca. 180 g | 45 Min. Zubereitung
Circa 480 kcal, 11 g EW, 20 g F, 64 g KH

1   Die Mandeln in Wasser aufkochen lassen, abschrecken und aus der Schale drücken.

2   Bulgur mit Mandeln und Apfelsaft aufkochen und 20–25 Min. köcheln lassen, bis der Saft fast verkocht ist. Mandel-Bulgur fein pürieren.

3   Den Apfel waschen, schälen und putzen, fein raspeln und unter den Bulgur ziehen. In ein dicht schließendes Glas füllen und im Kühlschrank bis zu 14 Tage aufbewahren.

Frühstück | preiswert
Anfänger-Müsli

½ reife Banane | 3 EL Orangensaft | 2 EL Naturjoghurt | 2 EL blütenzarte Haferflocken

Für 1 Babyportion | 10 Min. Zubereitung
Circa 160 kcal, 4 g EW, 2 g F, 30 g KH

1   Die Banane klein schneiden und mit Orangensaft und Joghurt fein pürieren.

2   Die Flocken unter das Bananenmus rühren.

TIPP – FERTIGE MÜSLIMISCHUNGEN
Sie sind für Babys nur bedingt geeignet. Grobe Flocken, Körner und Nüsse verträgt ihr Verdauungssystem noch nicht; viele Mischungen sind außerdem zuckerreich und mit Aromen und Zusatzstoffen angereichert.

Frühstück | ballaststoffreich
Schoko-Banana-Mix

40 g getrocknete Cranberrys | 25 g Vollkorngrieß | 1 Banane | 1 EL Rapsöl | 1 TL Kakaopulver

Für 1 Glas à 250 ml | 15 Min. Zubereitung
Circa 455 kcal, 6 g EW, 12 g F, 82 g KH

1 Die Cranberrys mit 130 ml Wasser aufkochen. Den Grieß dazugeben und ca. 5 Min. quellen lassen.

2 Die Banane schälen, in große Stücke schneiden. Den Cranberry-Grieß zusammen mit Banane, Kakao und Öl mit dem Pürierstab pürieren, abkühlen lassen.

3 Den Aufstrich in ein dicht schließendes Glas füllen und im Kühlschrank bis zu 5 Tagen aufbewahren.

VARIANTE
Statt Cranberrys eignen sich auch andere Trockenfrüchte wie Datteln, Apfelringe, Rosinen oder Berberitzen.

Frühstück | für den Vorrat
Tofu-Tomaten-Aufstrich

150 g Tofu | 4 Blätter Basilikum | 50 g Pinienkerne | 40 g Tomatenmark | 1 EL Olivenöl | Salz

Für 1 Glas à 250 ml | 15 Min. Zubereitung
Circa 570 kcal, 21 g EW, 47 g F, 15 g KH

1 Den Tofu grob zerkleinern. Die Basilikumblätter waschen. Die Pinienkerne ganz schwach anrösten, bis sie zu duften beginnen. Alles mit dem Tomatenmark und dem Öl im Mixer zerkleinern und mit 1 Prise Salz abschmecken.

2 Den Aufstrich in ein verschließbares Glas füllen. Er ist im Kühlschrank etwa 1 Woche haltbar.

MILDERE VARIANTE
Ersetzen Sie das Tomatenmark durch 100 g Avocado und nehmen Sie statt Basilikum etwas Petersilie und Zitronensaft.

10. BIS 12. MONAT

mittags | einfach

Rotes Hack-Risotto

1 kleine Zwiebel | 1 große rote Paprikaschote
1 TL Rapsöl | 120 g Rinderhackfleisch
120 g Milchreis | ¼ l Gemüsebrühe (Instant)
½ l Tomatensaft
2 EL frisch geriebener Parmesan

Für 1 Baby und 1 Erwachsenen
◷ 30 Min. Zubereitung
Insgesamt ca. 940 kcal, 50 g EW, 29 g F, 115 g KH

1 Die Zwiebel schälen und in kleine Würfel schneiden. Die Paprika waschen, Zwischenwände und Kerne entfernen. Die Schote sehr klein würfeln.

2 Das Öl in einem Topf erhitzen, Zwiebel und Paprika darin kurz anschwitzen. Das Hackfleisch dazugeben und kurz anbraten, dabei immer wieder mit einem Löffel zerstoßen, so dass es krümelig wird. Nicht zu braun werden lassen.

3 Den Milchreis dazugeben. Die Brühe angießen und alles bei mittlerer Hitze offen kochen lassen. Dabei immer wieder rühren.

4 Kurz bevor die Flüssigkeit verkocht ist, den Tomatensaft dazugießen. Weitere 15 Min. kochen lassen. Vor dem Servieren den Parmesan unterrühren.

TIPP - REISSORTEN
Ähnlich weich gart Risotto- oder Paellareis. Versuchen Sie es aber mal mit Basmati-Vollkornreis oder mit rotem Reis – sie enthalten viel mehr wertvolle Inhaltsstoffe. Ein Kompromiss ist parboiled Reis, bei dem vor dem Polieren mit Heißdampf Mineralstoffe und Vitamine ins Korn gedrückt werden – ihm fehlen nur die Ballaststoffe, und er ist in nur 15 Min. gar.

mittags | schnell

Erbsen-Nudel-Topf mit Schinken

150 g Hörnchen-Nudeln
100 g TK-Erbsen
3 EL Crème fraîche
2 Scheiben Kochschinken
2 EL gehacktes Basilikum

Für 1 Baby und 1 Erwachsenen
◷ 15 Min. Zubereitung
Insgesamt ca. 825 kcal, 34 g EW, 20 g F, 127 g KH

1 Die Nudeln nach Packungsangabe in reichlich Wasser (ohne Salz) kochen. 5 Min. vor Ende der Garzeit die gefrorenen Erbsen dazugeben.

2 Nudeln und Erbsen abgießen. Sofort die Crème fraîche unterrühren.

3 Den Schinken in kleine Würfel schneiden und mit dem Basilikum zum Nudeltopf geben.

VARIANTE MIT KRABBEN
Statt Schinken können Sie auch eine Handvoll Krabben zu den Nudeln geben. Die sollten Sie aber vorher zusammen mit der Crème fraîche 5 Min. erwärmen.

TIPP – TIEFKÜHLWARE
Einfrieren schont die Nährstoffe. Auch tiefgekühlt sind Erbsen noch reich an Vitaminen und Mineralstoffen.

oben: Erbsen-Nudel-Topf mit Schinken | unten: Rotes Hack-Risotto

10. BIS 12. MONAT

mittags | ohne Milch & Ei

Kartoffeln mit Kohlrabi und Huhn

300 g Kartoffeln
1 mittelgroße Kohlrabiknolle
2 Möhren
150 g Hühnerbrust
1 EL Rapsöl

Für 1 Baby und 1 Erwachsenen
30 Min. Zubereitung
Insgesamt ca. 485 kcal, 46 g EW, 12 g F, 48 g KH

1 Kartoffeln, Kohlrabi und Möhren putzen, waschen, schälen und in ca. 1 cm große Würfel schneiden.

2 Das Hühnerfleisch unter fließendem Wasser abspülen, mit Küchenpapier trocken tupfen und in 1 cm große Stücke schneiden.

3 Das Öl in einem Topf erhitzen. Gemüse und Fleisch darin unter Rühren 2–3 Min. sanft anbraten. Mit ½ l Wasser ablöschen, aufkochen lassen und zugedeckt bei schwacher Hitze 20–25 Min. kochen, bis das Gemüse weich und das Fleisch gar ist. Dabei ab und zu umrühren.

VARIANTE
Die Erwachsenenportion mit etwas Sojasauce nachwürzen.

INFO – KOHLRABI
Kohlrabi ist perfekt für die Babyküche: sehr mild und gut verträglich, aber trotzdem nährstoffreich. Er enthält viel Vitamin C, Folsäure und B 6.

vegetarisch | gelingt leicht

Kartoffelberg auf Spinatwiese

300 g Kartoffeln
400 g Blattspinat
1 EL Öl
2 EL Sahne
100 ml Milch
2 EL Quark
1 EL Butter

Für 1 Baby und 1 Erwachsenen
30 Min. Zubereitung
Insgesamt ca. 485 kcal, 46 g EW, 12 g F, 48 g KH

1 Die Kartoffeln waschen und in der Schale in 20–25 Min. gar kochen.

2 Den Spinat gründlich waschen, putzen und klein hacken. Das Öl in einer Pfanne erhitzen und den Spinat darin unter Rühren zusammenfallen lassen. Die Sahne unterrühren und alles bei schwacher Hitze 3 Min. kochen lassen.

3 Die Milch in einem kleinen Topf erwärmen. Die Kartoffeln pellen und durch die Kartoffelpresse drücken. Mit lauwarmer Milch, Quark und Butter verrühren.

4 Spinat als Wiese auf zwei Tellern verteilen und je einen Kartoffelbreiberg daraufsetzen.

TIPP – KARTOFFELBREI
Kartoffelbrei selbst zu machen lohnt sich: Er enthält doppelt so viele Ballaststoffe und 6-mal so viel Vitamin C wie Instant-Kartoffelpüree, außerdem ist er frei von Zusätzen wie Schwefel.

oben: Kartoffelberg auf Spinatwiese | unten: Kartoffeln mit Kohlrabi und Huhn

10. BIS 12. MONAT

mittags | ballaststoffreich

Flocken-Pfannkuchen »Italia«

70 g Vollkornmehl
30 g Hirseflocken
Salz
½ Tl getrocknetes Basilikum
2 Eier
100 ml Milch
1 EL Mineralwasser
2 reife Tomaten
2 TL Öl zum Braten
2 EL frisch geriebener Parmesan

Für 1 Baby und 1 Erwachsenen
◎ 30 Min. Zubereitung
Insgesamt ca. 730 kcal, 34 g EW, 31 g F, 79 g KH

1 Mehl, Flocken, 1 gute Prise Salz und das Basilikum in einer Schüssel mischen. Die Eier dazugeben und nach und nach Milch und Mineralwasser mit einem Schneebesen unterrühren. Den Teig 10 Min. quellen lassen.

2 Inzwischen die Tomaten kurz mit kochendem Wasser überbrühen und dann häuten. Entkernen und in kleine Würfel schneiden. Die Tomatenstücke unter den Teig ziehen.

3 1 TL Öl in einer beschichteten Pfanne erhitzen. Die Hälfte des Teiges in der Pfanne verteilen. Einen Deckel auflegen und den Pfannkuchen bei mittlerer Hitze in 3–4 Min. goldbraun backen.

4 Den Pfannkuchen wenden, mit 1 EL Parmesan bestreuen und zugedeckt 2–3 Min. braten. Den zweiten Pfannkuchen genauso zubereiten.

mittags | eisenreich

Kartoffeln mit Zucchini und Lamm

300 g Kartoffeln
250 g Zucchini
1 Handvoll Spinatblätter
200 g Lammfleisch
1 TL Rapsöl
2 EL saure Sahne

Für 1 Baby und 1 Erwachsenen
◎ 25 Min. Zubereitung
Insgesamt ca. 490 kcal, 50 g EW, 15 g F, 40 g KH

1 Die Kartoffeln waschen und mit der Schale in 20–25 Min. gar kochen.

2 Die Zucchini waschen, putzen und in kleine Würfel schneiden. Den Spinat waschen, putzen und fein hacken. Das Lammfleisch in 1 cm breite Streifen schneiden. Das Öl in einer beschichteten Pfanne erhitzen, das Fleisch darin rundherum sanft anbraten. Zucchini und Spinat dazugeben und zugedeckt 10 Min. dünsten.

3 Die saure Sahne unterrühren, alles aufkochen und 2 Min. kochen lassen.

4 Die Kartoffeln pellen, für die Babyportion mit einer Gabel zerdrücken und mit der Zucchinipfanne servieren.

TIPP – EISENAUFNAHME
Geben Sie Ihrem Baby ein Glas Orangensaft zum Essen. Durch das Vitamin C aus dem Saft wird das Eisen aus dem Fleisch optimal ausgenutzt.

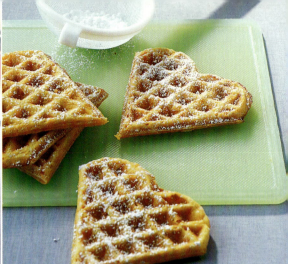

zwischendurch | allergenarm

Pink Panther

3 Kochäpfel (z. B. Boskop) | 2 TL Zitronensaft | 2 EL Apfeldicksaft oder Zucker | 150 g gemischtes Beerenobst (frisch oder TK)

Für 8 Mini-Portionen ab 8. Monat
⏲ 20 Min. Zubereitung
Pro Portion ca. 30 kcal, 0 g EW, ›1 g F, 7 g KH

1 Die Äpfel waschen, schälen, vierteln, putzen und klein schneiden. Mit 125 ml Wasser und Zitronensaft aufkochen, bei mittlerer Hitze zugedeckt 10–15 Min. kochen lassen, bis die Äpfel zerfallen. Den Dicksaft einrühren.

2 Inzwischen die Beeren waschen und putzen, bzw. auftauen. Fein pürieren, durch ein Sieb streichen und unter das Apfelmus mischen.

TIPP – EINFRIEREN
Frieren Sie die Mini-Portionen in leeren Mini-Joghurtflaschen ein. Legen Sie morgens eine Portion zum Auftauen heraus – dann ist sie mittags essbereit. Im Kühlschrank bleibt das Mus drei Tage frisch.

zwischendurch | ballaststoffreich

Häschenwaffeln

150 g Möhren | 2 Eier | Salz | 50 g weiche Butter | 1 EL Zucker | 100 g Mehl (Type 1050) | 50 g zarte Haferflocken | 200 ml Buttermilch | Butter für das Waffeleisen | Puderzucker zum Bestäuben

Für 5–6 Waffeln ab 10. Monat
⏲ 30 Min. Zubereitung
Bei 6 Waffeln pro Waffel ca. 205 g kcal, 6 g EW, 11 g F, 21 g KH

1 Die Möhren waschen, schälen und fein reiben. Die Eier trennen. Die Eiweiße mit 1 Prise Salz steif schlagen. Butter, Zucker und Eigelbe schaumig rühren. Mehl, Flocken, Buttermilch und Möhren einrühren. Den Eischnee unterheben. Den Teig 10 Min. quellen lassen.

2 Ein Waffeleisen erhitzen und fetten. Pro Waffel darin 2 EL Teig in 3 Min. goldbraun backen. Mit Puderzucker bestäubt servieren.

gelingt leicht | schnell
Pfirsichmix

1 reifer Pfirsich
50 g Vanillejoghurt
75 ml Vollmilch
1 EL Schmelzflocken

Für 1 Glas | 10 Min. Zubereitung
Circa 160 kcal, 6 g EW, 5 g F, 22 g KH

1 Den Pfirsich waschen, halbieren und den Kern entfernen. Pfirsich in Stücke schneiden.

2 Alle Zutaten in einem hohen Gefäß pürieren, bis keine Pfirsichstückchen mehr zu sehen sind.

VARIANTE – MILCHMIX
Für einen Milch-Mix zum Löffeln 2 EL Flocken nehmen. Alle anderen weichen Obstsorten sind ebenfalls geeignet. Sind sie sehr süß, lieber Naturjoghurt nehmen. Sie können die Milch weglassen und nur Joghurt nehmen.

fürs Geburtstagsfest
Erdbeer-Vanille-Muffins

250 g Mehl (Type 1050) | 2 TL Backpulver | ¼ TL Speisenatron | 1 Pck. Vanillezucker | 200 g Erdbeeren | 2 EL Erdbeerkonfitüre | 2 Eier | 80 ml Öl | 250 g Vollmilch-Joghurt | 12 Papierbackförmchen

Für 12 Stück
15 Min. Zubereitung | 25 Min. Backen
Pro Stück ca. 150 kcal, 4 g EW, 6 g F, 18 g KH

1 Den Backofen auf 180° vorheizen. Papierförmchen in die Mulden des Muffinblechs setzen. Mehl, Backpulver, Natron und Vanillezucker mischen.

2 Die Erdbeeren waschen, putzen und mit der Konfitüre pürieren. Püree mit Eiern, Öl und Joghurt verquirlen und zum Mehl geben. Alle Zutaten nur kurz verrühren.

3 Den Teig in die Formen füllen. Die Muffins im Backofen (Mitte, Umluft 160°) in 20–25 Min. goldbraun backen. Auf einem Kuchengitter auskühlen lassen.

abends | preiswert

Grießbrei Birne Helene

400 ml Vollmilch
40 g Vollkorngrieß
½ TL Kakaopulver
1 TL Zucker
1 weiche Birne

Für 1 Baby und 1 Erwachsenen
15 Min. Zubereitung
Insgesamt ca. 490 kcal, 19 g EW, 15 g F, 70 g KH

1 Die Milch aufkochen lassen. Grieß, Kakao und Zucker mit einem Schneebesen einrühren. Den Brei bei mittlerer Hitze unter Rühren 5 Min. ausquellen lassen.

2 Die Birne waschen, abreiben, vierteln, das Kerngehäuse entfernen und das Fruchtfleisch in 1 cm große Stücke schneiden. Birnenstücke unter den Grießbrei rühren.

raffiniert | schnell

Frischer Orangencouscous

6 EL Couscousgrieß
2 Orangen
2 TL gemahlene Mandeln
1 Prise Zimtpulver
60 g Sahne

Für 1 Baby und 1 Erwachsenen
10 Min. Zubereitung
Insgesamt ca. 555 kcal, 13 g EW, 26 g F, 68 g KH

1 200 ml Wasser aufkochen lassen. Den Topf vom Herd ziehen, den Couscousgrieß einrühren und 5 Min. ausquellen lassen.

2 Inzwischen die Orangen schälen, Kerne und möglichst viel von der weißen Haut entfernen. Das Fruchtfleisch in mundgerechte Stücke schneiden.

3 Den Couscous kurz durchrühren. Mandeln, Zimt und Sahne untermischen. Die Orangen unterheben.

Klassiker | preiswert

Milchreis mit Erdbeersauce

120 g Milchreis
350 ml weißer Traubensaft
¼ l Milch
200 g Erdbeeren (TK-Beeren angetaut)
½ reife Banane (ca. 120 g)

Für 1 Baby und 1 Erwachsenen
25 Min. Zubereitung
Insgesamt ca. 995 kcal, 20 g EW, 10 g F, 200 g KH

1 Den Reis unter Rühren in einem Topf erhitzen, bis die Körner glasig werden. Den Traubensaft angießen und alles aufkochen lassen. Die Hitze reduzieren, die Milch unter ständigem Rühren ganz langsam dazugeben. Den Reis zugedeckt bei schwacher Hitze 20 Min. kochen lassen, dabei öfters umrühren.

2 Inzwischen die Erdbeeren mit der Banane fein pürieren. Den Milchreis mit der Fruchtsauce servieren.

ohne Milch | preiswert

Apfelgraupen mit Rosinen

300 ml Apfelsaft
80 g Perlgraupen
1 Stück Vanilleschote
30 g Rosinen
1 Apfel

Für 1 Baby und 1 Erwachsenen
35 Min. Zubereitung
Insgesamt ca. 595 kcal, 10 g EW, 2 g F, 135 g KH

1 Den Apfelsaft mit 150 ml Wasser aufkochen, die Graupen dazugeben. Die Vanilleschote aufschlitzen und ebenfalls dazugeben. Graupen bei schwacher Hitze ca. 25 Min. kochen lassen, bis sie weich sind. Die Rosinen hinzufügen.

2 Den Apfel waschen, abreiben, entkernen, im Blitzhacker zerkleinern und zu den Rosinen-Graupen geben. Vor dem Servieren die Vanilleschote entfernen.

10. BIS 12. MONAT

abends | vegetarisch

Sahne-Polenta mit Mais

1 frischer Maiskolben
1 TL Maiskeimöl
½ l Gemüsebrühe
50 g Sahne
100 g Maisgrieß (Polenta)

Für 1 Baby und 1 Erwachsenen
⏲ 35 Min. Zubereitung
Insgesamt ca. 835 kcal, 19 g EW, 27 g F, 129 g KH

1 Den Maiskolben gegebenenfalls von Blättern und Fäden befreien und waschen. Maiskörner mit einem scharfen Messer vom Kolben schneiden.

2 Das Öl in einem Topf erhitzen und die Körner darin sanft anbraten. Brühe und Sahne zugießen und zum Kochen bringen, den Maisgrieß mit einem Schneebesen einrühren. Die Polenta bei sehr schwacher Hitze 25 Min. ausquellen lassen, dabei öfter umrühren, damit nichts anbrennt.

preiswert | pikant

Grünkernsuppe

1 Möhre | 1 Stange Lauch
1 Stück Knollensellerie
1 EL Butter
60 g Grünkernschrot
2 EL saure Sahne
2 EL gehackte Petersilie

Für 1 Baby und 1 Erwachsenen
⏲ 35 Min. Zubereitung
Insgesamt ca. 420 kcal, 18 g EW, 14 g F, 56 g KH

1 Möhre, Lauch und Sellerie waschen, putzen, schälen, grob schneiden.

2 Die Butter in einem Topf erhitzen. Den Grünkern darin unter Rühren kurz anrösten, das Gemüse kurz mitrösten. 600 ml Wasser angießen und alles aufkochen. Die Suppe bei schwacher Hitze 20 Min. kochen, ab und zu umrühren.

3 Kurz vor Ende der Garzeit saure Sahne und Petersilie unterrühren.

schnell | preiswert

Bruschetta-Suppe

1–2 Scheiben (ca. 80 g) altbackenes Brot
1 Zucchino (ca. 100 g)
1 EL Rapsöl
300 ml Tomatensaft
1 EL Crème fraîche
2 EL gehacktes Basilikum

Für 1 Baby und 1 Erwachsenen
⏲ 20 Min. Zubereitung
Insgesamt ca. 360 kcal, 9 g EW, 15 g F, 45 g KH

1 Das Brot in kleine Würfel schneiden. Den Zucchino waschen, putzen und klein würfeln.

2 Das Öl in einem Topf erhitzen. Brot und Zucchino darin sanft andünsten. Mit Tomatensaft und 200 ml Wasser auffüllen und bei schwacher Hitze 10 Min. kochen lassen. Kurz vor Ende der Garzeit Crème fraîche und Basilikum unterrühren.

oben: Bruschetta-Suppe | unten links: Grünkernsuppe | unten rechts: Sahne-Polenta mit Mais

BABYHILFE

Was mache ich, wenn ...

... mein Baby schreit?

Hat es Hunger? Eine nasse Windel? Schmerzen? Ist ihm zu warm oder zu kalt? Wenn all das ausgeschlossen ist, helfen Sie Ihrem Kind, zur Ruhe zu kommen. Nehmen Sie es nicht mehr hoch, schaukeln Sie Wagen oder Körbchen und verlassen Sie dann das Zimmer. Warten Sie 5–10 Minuten ab. Diesen Ritus beibehalten.

... mein Baby Bauchweh hat?

In den ersten 3 Monaten sind Koliken häufig, weil das Verdauungssystem noch sehr empfindlich ist. Oft hilft eine zarte Bauchmassage mit Fenchelöl und Schaukeln in der »Fliegerposition«. Auch Wärme tut dem Bäuchlein gut: Legen Sie Ihr Baby auf Ihren Bauch! Kirschkernsäckchen in der Mikrowelle leicht erwärmen, die Temperatur überprüfen und wie eine Wärmflasche aufs Bäuchlein legen. Das Fläschchen nach dem Anrühren 20 Min. stehen lassen, das entfernt Luftbläschen.

... mein Baby an der Brust trinkfaul ist?

Lassen Sie dem Baby bis 30 Minuten Zeit zum Trinken. Liegt sein Gewicht im unteren Bereich, eine zusätzliche Stillmahlzeit einlegen. Keine Mahlzeit verschlafen lassen – notfalls zum Trinken wecken. Wenn Sie beginnen, mit der Flasche zu füttern, kann das Ihr Baby bequem machen.

... mein Baby zu wenig zunimmt?

Im U-Heft können Sie überprüfen, ob Ihr Baby das seiner Größe entsprechende Gewicht hat. In den ersten Tagen nach der Geburt sinkt das Gewicht – mit 2 Wochen sollte Ihr Baby sein Geburtsgewicht wieder haben. Wiegen Sie es in den ersten Wochen bei Problemen 2- bis 3-mal, sonst höchstens einmal pro Woche. Bei zu niedrigem Gewicht in den ersten Monaten zum Arzt gehen. Die Trinkabstände verringern und auch nachts stillen. Bekommt es bereits Beikost, die Fettzugabe einhalten. Vielleicht hat Ihr Kind auch gerade einen Wachstumsschub und braucht etwas mehr als empfohlen.

BABYHILFE

... mein Baby die Flasche ablehnt?

Wenn möglich, weiterstillen und im 2. Halbjahr mit Löffel und Trinklerntasse zufüttern. Das erspart die Flasche. Wenn das nicht geht: Stimmen Lochgröße und Temperatur? Benetzen Sie den Sauger mit Milch und drücken leicht auf den Sauger, wenn Ihr Baby ihn im Mund hat. Überlassen Sie die »Fütterversuche« Ihrem Partner, damit Ihr Baby gar nicht erst an die Brust denkt. Vielleicht stört der Geschmack: Versuchen Sie es mit abgepumpter Muttermilch.

... mein Baby wund ist?

Erste Hilfe: oft wickeln, nackt strampeln lassen, mit Rotöl und Wundcreme pflegen. Bei gestillten Babys können reizende Stoffe in Ihrer Nahrung die Ursache sein – lassen Sie scharfe Gewürze, Saures, Nüsse, Schokolade und Säfte probeweise weg. Aber auch Zitrusfrüchte und Beeren in Babys Kost können die Ursache sein: Geben Sie lieber Apfel und Apfelsaft und keine Fertigprodukte.

... mein Baby spuckt?

Spuckt es in hohem Bogen und hat eventuell noch grünen Durchfall, dann ab zum Arzt. Nimmt es trotz Spucken normal zu, ist alles o.k. Lassen Sie es während einer Trinkmahlzeit häufiger »bäuern«. Warten Sie mit dem Füttern nicht, bis es schreit und gierig ist, sondern füttern Sie es etwas früher. Haben Sie zu viel Milch und eine pralle Brust, streichen Sie vor dem Anlegen etwas aus. Bei der Flasche auf feine Lochung achten.

... mein Baby nachts nicht durchschläft?

In den ersten 2–3 Monaten ist das normal: Ihr Baby braucht viele Mahlzeiten, um seinen Bedarf zu decken. Gegen Ende des 1 Halbjahres sollte es 7–8 Stunden durchhalten. Klären Sie ab: Trinkt es zu den einzelnen Mahlzeiten genug? Hat es Durst durch Hitze oder viel feste Kost? Geben Sie nachts keine Mahlzeiten mehr – die letzte darf es aber bis 23 Uhr geben. Beruhigen Sie Ihr Kind, aber »bespielen« Sie es nicht. Machen Sie den Brei nicht gehaltvoller – das macht Durst.

KRANKHEIT

Wenn das Baby krank ist ...

Trinken ist wichtig
Die größte Gefahr für ein Baby ist Flüssigkeitsverlust. Es hat einen viel höheren Flüssigkeitsbedarf als Erwachsene.

Achten Sie gerade bei Krankheit darauf, dass es genug trinkt. Bei zu viel Flüssigkeitsverlust kann es sein, dass Ihr Kind in die Klinik »an den Tropf« muss.

Durchfall
Der Stuhl ist dünn, grün und hat einen unangenehmen Geruch. Das kranke Baby verliert dabei viel Flüssigkeit. Gehen Sie mit der Windel als Diagnosehilfe zum Kinderarzt.

Weiter stillen, möglichst oft. Bei Flaschenkindern die Milchnahrung mit doppelter Wassermenge zubereiten. Später langsam normalisieren. Sprechen Sie darüber mit Ihrem Kinderarzt. Lindernd ist eine Rehydratationslösung (Apotheke) oder Tee (1–2 TL Schwarztee mit 1 l Wasser überbrühen, mit 15–20 g Zucker und 1 Prise Salz mischen).

Erkältung
Schnupfen ist harmlos, aber für Babys sehr unangenehm, weil sie viel liegen und die Nase verstopft ist. Sie schlafen dann schlecht und unruhig.

Salzlösung, Muttermilch oder homöopathische Medikamente in die Nase tropfen. Weiterstillen. Flaschenkindern zusätzlich Saft anbieten: abgekochtes Wasser mit frischem Orangensaft 1:1 verdünnen. Babys über 10 Monate Lindenblütentee geben.

Fieber
Rektal oder im Ohr gemessen sind Temperaturen über 38° Fieber; bei mehr als 40° wird es kritisch. Babys fiebern schnell und hoch.

Babys sind jetzt zu schwach zum Essen, deshalb auch älteren Säuglingen wieder die Flasche geben. Brei eventuell mit Wasser oder Saft verdünnen und pürieren. Wer stillt, sollte das Baby öfters anlegen. Flaschenkinder können zudem Wasser oder Tee trinken, wenn sie genügend Milchnahrung bekommen haben. Lehnt Ihr Kind alles ab, zumindest Wasser, Saft oder Tee geben.

KRANKHEIT

Spucken

ist oft mit Durchfall verbunden. Wenn Ihr Kind etwas nicht verträgt, kann es sich so davon befreien, und das Erbrechen hört auf. Behält Ihr Baby weiter nichts bei sich, müssen Sie schnell zum Arzt. Ihr Baby kann den Flüssigkeitsverlust nicht so gut ausgleichen.

Hat das Baby erbrochen, braucht der Magen noch etwas Ruhe: Geben Sie 2 Stunden nichts außer Tee. Langsam können Sie über doppelt und dreifach verdünnte Babynahrung auf die gewohnte übergehen. Wer stillt, soll unbedingt weiterstillen.

Verstopfung

Bei Stillbabys selten, bei Flaschenkinder häufig. 2- bis 3-mal die Woche Stuhlgang ist normal. Oft treten bei Verstopfung kleine Verletzungen am Darmausgang auf, das Baby hält zurück und dem Stuhl wird noch mehr Flüssigkeit entzogen. Reagieren Sie sofort.

Dem Baby neben Milch stets 20 ml abgekochtes Wasser geben. Zudem hilft Gymnastik auf dem Wickeltisch, wo Beine und Unterleib in Bewegung gebracht werden. Bekommt Ihr Kind schon Brei, 1 TL Milchzucker dazugeben. Ballaststoffreiche Beeren oder Apfelmus im Brei bevorzugen.

Kein Hunger

Bei kranken Babys normal: Der Körper kämpft mit der Krankheit und hat für Verdauung nicht viel Energie übrig. Für einige Tage ist das kein Problem. Bei längeren Krankheiten sollten Sie mit dem Kinderarzt eine Lösung überlegen. Denn irgendwann kann Ihr Kind aus Entkräftung nichts mehr zu sich nehmen.

Nach der akuten Phase ist es wichtig, Ihr Baby zu päppeln, d. h.: die gewohnte Kost in kleinen Portionen füttern. Für kranke Kinder ist frische Kost wichtig. Kochen Sie seinen Lieblingsbrei und frieren Sie ihn in einen Eiswürfelbereiter ein. Die Würfel können Sie in einer Box aufbewahren und als Miniportion entnehmen. Aufgewärmtes und Abgestandenes ist bei kranken Babys tabu.

Quengeln

Das ist bei kranken Babys normal, strapaziert aber die ganze Familie.

Holen Sie Ihr krankes Kind, wenn möglich, vorübergehend wieder in Ihr Schlafzimmer. Denn es braucht gerade jetzt Nähe und Geborgenheit – das hilft ihm, gesund zu werden.

REGISTER

Zum Gebrauch
Damit Sie Rezepte mit bestimmten Zutaten schneller finden, stehen in diesem Register auch Zutaten wie **Äpfel** oder **Reis** – alphabetisch geordnet und **hervorgehoben** – über den entsprechenden Rezepten.

Rezeptregister

A
Abendbrei 31
Allergenarmer Brei (Variante) 31
Anfänger-Müsli 42
Äpfel
    Apfelgraupen mit Rosinen 53
    Apfel-Hafer-Brötchen 39
    Apfel-Mandel-Mus 42
    Bratapfel-Brei 37
    Fenchel-Hirse-Brei 28
    Getreide-Obst-Brei 34
    Pink Panther 50

B
Bananen
    Anfänger-Müsli 42
    Bananen-Couscous-Brei 36
    Grießbrei mit Banane 33
    Milchreis mit Erdbeersauce 53
    Schoko-Banana-Mix 43
Beeren
    Beeren-Brei 32
    Pink Panther 50
Birne
    Birnen-Reis-Brei 33
    Grießbrei Birne Helene 52
Bratapfel-Brei 37
Brokkoli-Hafer-Brei 28
Brötchen
    Apfel-Hafer-Brötchen 39
    Herzhafte Brötchen (Variante) 39
Bruschetta-Suppe 54
Bulgur: Apfel-Mandel-Mus 42
Butterrüben: Kartoffelbrei mit Pute 27

C/D
Couscous
    Bananen-Couscous-Brei 36
    Frischer Orangencouscous 52
Cranberrys: Schoko-Banana-Mix 43

E
Erbsen-Nudel-Topf mit Schinken 44
Erdbeeren
    Erdbeer-Vanille-Muffins 51
    Grießbrei mit Obst 36
    Milchreis mit Erdbeersauce 53

F/G
Fenchel-Hirse-Brei 28
Fleisch: Gemüse-Kartoffel-Brei 23
Flocken-Pfannkuchen »Italia« 48
Frischer Orangencouscous 52
Gemüse-Kartoffel-Brei 23
Getreide-Obst-Brei (Grundrezept) 34
Glutenfreier Getreide-Obst-Brei (Variante) 34
Grieß
    Grießbrei Birne Helene 52
    Grießbrei mit Banane 33
    Grießbrei mit Obst 36
    Schoko-Banana-Mix 43
Grünkernsuppe 54
Gurke: Kartoffelbrei mit Pute 27

H
Haferflocken
    Anfänger-Müsli 42
    Apfel-Hafer-Brötchen 39
    Brokkoli-Hafer-Brei 28
    Getreide-Obst-Brei 34
    Häschenwaffeln 50
Häschenwaffeln 50
Herzhafte Brötchen (Variante) 39
Hirse: Fenchel-Hirse-Brei 28
Hühnerbrust
    Kartoffeln mit Kohlrabi und Huhn 47
    Kohlrabibrei mit Huhn 26

K
Kartoffeln
    Brokkoli-Hafer-Brei 28
    Fenchel-Hirse-Brei 28
    Gemüse-Kartoffel-Brei 23
    Kartoffelberg auf Spinatwiese 47
    Kartoffelbrei (Tipp) 47
    Kartoffelbrei mit Pute 27
    Kartoffeln mit Kohlrabi und Huhn 47
    Kartoffeln mit Zucchini und Lamm 48
    Kohlrabibrei mit Huhn 26
    Kürbisbrei mit Rind 27
    Zucchinibrei mit Lamm 26
Kohlrabi
    Kartoffeln mit Kohlrabi und Huhn 47
    Kohlrabibrei mit Huhn 26
Krabben: Erbsen-Nudel-Topf mit Schinken (Variante) 44
Kürbisbrei mit Rind 27

L/M
Lammfleisch
    Kartoffeln mit Zucchini und Lamm 48
    Zucchinibrei mit Lamm 26
Lauch: Grünkernsuppe 54
Mais: Sahne-Polenta mit Mais 54
Mandeln
    Frischer Orangencouscous 52
    Apfel-Mandel-Mus 42
Milchmix (Variante) 51
Milchreis mit Erdbeersauce 53
Mittagsbrei (Grundrezept) 23
Möhren
    Gemüse-Kartoffel-Brei 23
    Grünkernsuppe 54
    Häschenwaffeln 50
    Kartoffeln mit Kohlrabi und Huhn 47
    Kürbisbrei mit Rind 27
    Möhrenpolenta 32

REGISTER

N/O
Nachmittagsbrei (Grundrezept) 34
Nudeln: Erbsen-Nudel-Topf mit
    Schinken 44
Orangen: Frischer Orangen-
    couscous 52
Orangensaft
    Anfänger-Müsli 42
    Bananen-Couscous-Brei 36
    Kürbisbrei mit Rind 27

P
Paprikaschoten: Rotes Hack-
    Risotto 44
Perlgraupen: Apfelgraupen mit
    Rosinen 53
Pfirsichmix 51
Pflaumen-Getreide-Brei 37
Pinienkerne: Tofu-Tomaten-
    Aufstrich 43
Pink Panther 50
Polentagrieß
    Möhrenpolenta 32
    Sahne-Polenta mit Mais 54
Putenfleisch: Kartoffelbrei mit Pute 27

R
Reis
    Milchreis mit Erdbeersauce 53
    Rotes Hack-Risotto 44
Rindfleisch
    Kürbisbrei mit Rind 27
    Rotes Hack-Risotto 44
Rosinen: Apfelgraupen mit
    Rosinen 53
Rotes Hack-Risotto 44

S/T
Sahne-Polenta mit Mais 54
Schinken: Erbsen-Nudel-Topf mit
    Schinken 44
Schoko-Banana-Mix 43
Spinat
    Kartoffelberg auf Spinatwiese 47
    Kartoffeln mit Zucchini und
    Lamm 48

Tofu-Tomaten-Aufstrich 43
Tomaten
    Flocken-Pfannkuchen »Italia« 48
    Tofu-Tomaten-Aufstrich 43
    Zucchinibrei mit Lamm 26
Tomatensaft
    Bruschetta-Suppe 54
    Rotes Hack-Risotto 44
Traubensaft: Milchreis mit Erdbeer-
    sauce 53

V/W/Z
Vollmilch-Getreide-Brei 31
Vorratsbrei 24
Waffeln: Häschenwaffeln 50
Zucchini
    Bruschetta-Suppe 54
    Kartoffeln mit Zucchini und
    Lamm 48
    Zucchinibrei mit Lamm 26
Zwieback: Bratapfel-Brei 37

Sachregister

A/B
Allergierisiko 16
Appetit 12
Baby-Check 12f.
Babyflocken 31
Brot 20

E/F
Einfrieren 50
Eisen 23, 28, 48
Essalltag 40
Fett 20, 34
Fisch 20
Fläschchen vorbereiten 11
Flasche 10
Fleisch 20

G
Gemüse 20
Getränke 20
Getreide 20
Gewichtszunahme 12

H/K
Haut 12
Hygiene 21
Kartoffeln 20
Kekse 20
Körpertemperatur 12
Kuhmilch 16, 20

L/M
Lätzchen 24
Lebensmittel fürs Baby 20
Löffel 24f.
Mikrowelle 19
Milchbildung 8
Muttermilch 6

N/O/P
Neurodermitis 17
Obst 20, 34
Organe 4
Perzentil 64

R/S
Reaktionsfähigkeit 12
Reissorten 44
Rückstände in Muttermilch 6
Sauger 10
Säuglingsmilchnahrung 7, 15
Schreien 5
Selberkochen 18f.
Speiseplan 14
Stillen 8f.

T/U
Teller 24
Tiefkühlware 44
Trinken 8, 25
Übergewicht 16

V/W/Z
Verdauung 12
Vollkorn 37
Warmhalten 21
Zahnpflege 40
Zöliakie 17
Zucker 20

IMPRESSUM

Unsere Garantie

Alle Informationen in diesem Ratgeber sind sorgfältig und gewissenhaft geprüft. Sollte dennoch einmal ein Fehler enthalten sein, schicken Sie uns das Buch mit dem entsprechenden Hinweis an unseren Leserservice zurück. Wir tauschen Ihnen den GU-Ratgeber gegen einen anderen zum gleichen oder ähnlichen Thema um.

Liebe Leserin und lieber Leser,

wir freuen uns, dass Sie sich für ein GU-Buch entschieden haben. Mit Ihrem Kauf setzen Sie auf die Qualität, Kompetenz und Aktualität unserer Ratgeber. Dafür sagen wir Danke! Wir wollen als führender Ratgeberverlag noch besser werden. Daher ist uns Ihre Meinung wichtig. Bitte senden Sie uns Ihre Anregungen, Ihre Kritik oder Ihr Lob zu unseren Büchern. Haben Sie Fragen oder benötigen Sie weiteren Rat zum Thema? Wir freuen uns auf Ihre Nachricht!

Wir sind für Sie da!

Montag–Donnerstag: 8.00–18.00 Uhr;
Freitag: 8.00–16.00 Uhr *(0,14 €/Min. aus dem dt. Festnetz/Mobilfunkpreise können abweichen.)
Tel.: 0180-5 00 50 54*
Fax: 0180-5 01 20 54*
E-Mail:
leserservice@graefe-und-unzer.de

P.S.: Wollen Sie noch mehr Aktuelles von GU wissen, dann abonnieren Sie doch unseren kostenlosen GU-Online-Newsletter und/oder unsere kostenlosen Kundenmagazine.

GRÄFE UND UNZER VERLAG
Leserservice
Postfach 86 03 13
81630 München

© 2008
GRÄFE UND UNZER VERLAG GmbH, München

Alle Rechte vorbehalten. Nachdruck, auch auszugsweise, sowie die Verbreitung durch Film, Funk, Fernsehen und Internet, durch fotomechanische Wiedergabe, Tonträger und Datenverarbeitungssysteme jeglicher Art nur mit schriftlicher Genehmigung des Verlages.

Programmleitung: Doris Birk
Leitende Redakteurin:
Birgit Rademacker
Redaktion: Sigrid Burghard
Lektorat: Adelheid Schmidt-Thomé
Layout, Typografie und Umschlaggestaltung: independent Medien-Design, München
Satz: Liebl Satz+Grafik, Emmering
Herstellung: Martina Müller
Reproduktion:
Repro Ludwig, Zell am See
Druck und Bindung:
Firmengruppe APPL, Wemding

ISBN 978-3-8338-0826-5

1. Auflage 2008

Ein Unternehmen der
GANSKE VERLAGSGRUPPE

Die Autorin

Dagmar von Cramm ist Diplom-Ökotrophologin, in Funk und TV gefragte Ernährungsexpertin und Mutter von drei Söhnen. Gesunde Babyernährung und abwechslungsreiche Familienküche sind ihr absolutes Spezialgebiet. Niemand weiß besser, was Kindern wirklich schmeckt!
www.dagmarvoncramm.de

Der Fotograf

Jörn Rynio arbeitet als Fotograf in Hamburg. Zu seinen Auftraggebern gehören nationale und internationale Zeitschriften, Buchverlage und Werbeagenturen. Alle Bilder rund ums Essen stammen aus seinem Studio. Tatkräftig unterstützt wurde Jörn Rynio dabei von den Foodstylisten **Petra Speckmann** und **Rainer Meidinger** sowie **Michaela Suchy** (Arrangements und Requisite).

Bildnachweis

Antje Anders: S. 1, 6, 13 oben u. unten, 41; Mauritius: S. 5 links; Corbis: S. 5 Mitte; Picture Press: S. 5 rechts; Stockfood: S. 8, Klappe hinten rechts; Anne Peisl: S. 9; Gettyimages: S. 12 rechts; Sigrid Reinichs: S. 12 links, S. 13 Mitte; Banana Stock: S. 64; Jörn Rynio: alle anderen Fotos.

Titelbildrezept

Gemüse-Kartoffel-Fleisch-Brei von Seite 22

Kochlust pur

Die neuen KüchenRatgeber – da steckt mehr drin

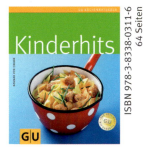

Änderungen und Irrtum vorbehalten

Das macht sie so besonders:
- Neue mmmh-Rezepte – unsere beste Auswahl für Sie
- Praktische Klappen – alle Infos auf einen Blick
- Die 10 GU-Erfolgstipps – so gelingt es garantiert

Willkommen im Leben.

Einfach göttlich kochen und himmlisch speisen?

Die passenden Rezepte, Küchentipps und -tricks

in Wort und Film finden Sie ganz einfach unter:

www.küchengötter.de

Wie viel darf mein Kind wiegen?

Die Antwort liefern die Gewichtskurven der Weltgesundheitsorganisation (WHO) für Mädchen und Jungen. Sie spiegeln den aktuellen Stand für gesundes Wachstum und Zunahme wieder.

Grundlage ist eine mehrjährige Studie der WHO, bei der Kinder aller Erdteile von Geburt an gemessen und gewogen wurden. Die Mütter ernährten sich gesund, waren Nichtraucher und stillten ihre Kinder. Die Ergebnisse der WHO zeigen, dass sich Kinder, egal aus welchem Erdteil, in Bezug auf Gewicht und Größe in den ersten Jahren ähnlich entwickeln.

Bei Flaschenkindern war die Zunahme im Gegensatz zu gestillten Babys in den ersten drei Monaten nicht so groß. Dennoch waren sie nach 12 Monaten schwerer; mit zunehmendem Alter glichen sich die Unterschiede jedoch aus. Im Rahmen der Untersuchung traten aber auch Fälle auf, wo gestillte Babys übergewichtig wurden oder zu wenig zunahmen.

Berechnen Sie den Body-Mass-Index (BMI) Ihres Kindes und schauen Sie dann in die Grafik. So erfahren Sie, ob Ihr Kind das für sein Alter angemessene Gewicht besitzt. Der BMI stellt das Verhältnis vom Körpergewicht zur Größe dar. Er berechnet sich folgendermaßen:

BMI = kg/m² (Gewicht in kg geteilt durch die Körpergröße in Meter mal Meter).

Unter www.waswiressen.de über die Pfade Ernährungsinfos, Personengruppen und schließlich Übergewicht finden Sie einen BMI-Rechner.

Liegt der BMI Ihres Kindes im weißen Bereich, ist alles in Ordnung. Das Gewicht ist für sein Alter normal. Liegt der BMI aber deutlich über P 85 im hellroten Bereich, sollten Sie das Gewicht beobachten. Ihr Kind hat die Tendenz zu Übergewicht. Sinkt das Gewicht mit der Zeit wieder etwas ab, ist alles in Ordnung. Steigt der BMI aber weiter über P 97, ist Ihr Kind eindeutig zu dick. Liegt der BMI andererseits weit unterhalb P 15 und sinkt weiter in den Bereich von P 3, sollte es zunehmen, denn unter P 3 gilt Ihr Kind als untergewichtig.

Zu den Gewichtskurven – Perzentile

Sie geben Werte an, unterhalb derer ein bestimmter prozentualer Anteil aller Fälle liegt, hier im Bezug auf den BMI der Altersgenossen. Ein BMI auf dem 20. Perzentil bedeutet z. B., dass 20 % der Kinder mit selbem Alter und Geschlecht einen gleich großen oder kleineren BMI haben – und 80 % einen größeren.